[2] BIBLIOTECA
ELÍAS
PINO
ITURRIETA

Edición exclusiva impresa bajo demanda
por CreateSpace, Charleston SC.

© Elías Pino Iturrieta, 1992
© Editorial Alfa, 1992
© alfadigital.es, 2016

Reservados todos los derechos. Queda rigurosamente prohibida, sin autorización escrita de los titulares del Copyright, bajo las sanciones establecidas en las leyes, la reproducción parcial o total de esta obra por cualquier medio o procedimiento, incluidos la reprografía y el tratamiento informático.

Editorial Alfa
Apartado postal 50304. Caracas 1050, Venezuela
Telf.: [+58-212] 762.30.36 / Fax: [+58-212] 762.02.10
e-mail: contacto@editorial-alfa.com
www.editorial-alfa.com

ISBN: 978-980-354-414-0

Diseño de colección
Ulises Milla Lacurcia

Diagramación
Yessica L. Soto G.

Fotografía de solapa
Efrén Hernández

Imagen de portada
Detalle de *Cupido y Psique* (1798)
Françoise Pascal Simon Gérard

Printed by CreateSpace, An Amazon.com Company

Elías Pino Iturrieta

Contra lujuria, castidad
Historias de pecado en el siglo XVIII venezolano

Índice

Introducción 7

I. Las personas y los pecados 15
   1. Autoridad y obligaciones eclesiásticas 19
   2. Los distintos hijos de Dios 29
   3. Breve catálogo de pecados 35

II. La incontinencia escandalosa 41
   1. Los calzones de uno 44
   2. La desordenada comunicación 47
   3. Recados políticos y venias de estilo 55

III. El solicitador de mujeres 67
   1. Los estragos de la lujuria 70
   2. El estrecho en que las puso 78
   3. Contra las ocasiones y desórdenes 84
   4. La demostración matemática 88

IV. El perpetuo silencio 97
   1. La antigua fulminación 100
   2. Razones para la mordaza 104
   3. Las ceremonias del olvido 115
   4. El desenlace del silencio 120

V. Balance sobre justos y pecadores 127
   1. Autoridad e impunidad 129
   2. Honor y rudeza 133
   3. Pecado y más pecado 137

Fuentes 141

Introducción

La generalidad de los venezolanos siente que en la ascendencia de su sociedad solo existen personajes dignos de encomio, como los que reposan en el Panteón Nacional. La patria, dice cualquiera por allí, es una faena de seres inmaculados. Aunque solo fuera para aguar la fiesta a los manuales de tráfico grueso y a los creadores del santoral, el historiador debe enfrentar la versión. Por fortuna, en el cometido se encierra un deber que lo libra de hacer de escritor irreverente. Aquel apuntado como primera regla en cualquier obrita de metodología: «No atreverse a decir mentira, ni temer decir la verdad».

Debido a la incuria, mas también al interés de algunas instituciones y personas, se machaca en la reminiscencia de los protagonistas virtuosos hasta el extremo de convertir la historia en un desfile de santones. Ciertamente aparecen en la marcha sus adversarios, los que sugirieron caminos distintos y quienes perdieron batallas y elecciones, pero a la zaga, como malas personas justamente relegadas.

Los que así reconstruyeron el cortejo han cometido diversos abusos. Sus actores virtuosos no son absolutamente perfectos, ni deleznables del todo los otros. No son bondadosas o ruines las criaturas de la historia, sino individuos sujetos al vaivén de las circunstancias y al yugo de la condición humana. Pero tampoco se reducen a un elenco selecto. Junto a aquellos a quienes la historiografía tradicional concede el papel de protagonistas, participa e influye por el simple hecho de estar allí, en el momento y en el lugar precisos, un incalculable número de seres humanos.

A la mayoría no le debemos hechos extraordinarios. Acaso solo se limitaron a permanecer en la orilla de la calle para aplaudir el paso de los paladines, o para gritar contra el vencido de turno. Unos se quedaron en sus asuntos, mientras ocurrían epopeyas fundamentales. Otros ni siquiera se enteraron de los sucesos del contorno, o siguieron la rutina pese a los anuncios de cambio que sonaban. Apenas vivían inmersos en las naderías de la existencia. Pero estaban allí, en el proceso de asentar un estilo de vida en atención a las solicitaciones del ambiente.

En la escena que habitan pueden ocurrir cambios de trascendencia, desde luego. Pueden ocurrir fenómenos como la mutilación de un imperio, o el reemplazo de un monarca por un magistrado republicano, o la caída de una confesión otrora dominante, o un período de guerras donde antes reinó la tranquilidad, o la fascinación de una flamante ideología…, pero la gente se las arregla con el objeto de sostener lo único propio y conocido, lo único que no teme frente a la marejada de sobresaltos: el comportamiento antiguo. Sus raíces son hondas, demasiado familiares sus frutos y, en consecuencia, lenta su muerte.

Tal proceso conduce a la afirmación de una sensibilidad capaz de perdurar en el tiempo y atinente a las materias que más importan en sentido colectivo. Aún en períodos de mudanza drástica, en los cuales, por ejemplo, se pasa hacia sistemas antípodas de gobierno mientras ocurren grandes movilizaciones masivas, el estilo de vida de las mayorías pugna por la permanencia y logra el cometido. Construye de manera imperceptible otro eslabón de aquello que la historiografía de las mentalidades denomina «cadena o prisión a largo plazo».

A través de mil formas sutiles y profundas desarrolla una sociedad la batalla contra las solicitudes sorpresivas. Se aferra a sus ideas morales en el pasar cotidiano y en las coyunturas de riesgo.

Traslada el sentimiento sobre instituciones e instancias desaparecidas, hacia instituciones e instancias inéditas. Adora a los nuevos ídolos como si estuviera postrada ante las deidades ancestrales. Distingue lo bueno de lo malo, lo santo de lo profano y lo superior de lo inferior, según el rasero de los padres y los abuelos. Persiste en mantener estereotipos en la observación de fenómenos ineludibles como la autoridad, la riqueza, el sexo, la belleza, las profesiones, etc., etc. Solo después de mucho tiempo y de sucesivos acomodos le concede pasaporte a otra sensibilidad genérica, a otra forma de responder colectivamente a los tirones de la historia. Entonces ya se vive un tiempo diverso de veras.

El investigador generalmente rastrea las noticias nuevas. Está pendiente del clarín de las alteraciones para registrar sus ecos como evidencia del avance colectivo. En el afán se le escapa el análisis de las permanencias, esto es, la posibilidad de entender un período histórico como una representatividad provocada por la reunión de las manifestaciones de reciente cuño con la presencia del pasado que no pasa. Las permanencias no son síntomas de las fuerzas reaccionarias en apuesta por una sociedad petrificada, según aseguran algunos medianeros de la revolución, sino un mandamiento de la conducta mayoritaria dispuesta a resistir el asedio del tiempo. Ahora se pretende examinar una parte de tales situaciones que se presumen impermeables al cambio.

Pero el trabajo, debo ahora confesarlo, nace de la antipatía por la crónica de héroes, santos y sabios que nos exhiben a los venezolanos desde la infancia para explicar la formación del país. Aparte de lo dicho al principio sobre ellos, conviene agregar que ciertamente existieron los otros, los malos de la partida, pero por motivos distintos a los referidos también en las primeras líneas. Los malos no lo son porque enfrentaron a los virtuosos según la pauta establecida por los manuales clásicos, sino por el juicio certero o erróneo de sus contemporáneos. A ellos, cuyos procederes llegaron a escandalizar con su pretendida maldad a la gente del entorno, se refiere este libro, en el entendido de que desarrollan conductas capaces de prolongarse en el tiempo.

Desde la época precolombina han existido compatriotas a quienes sus prójimos apostrofaron por pecar, por delinquir. ¿Qué hemos hecho con ellos? Meterlos debajo de la alfombra porque trastornan el aseo y la dignidad de la casa. Sin embargo, con ellos ocurre un problema inevitable: ayudaron a fabricar la casa y la habitaron con toda propiedad, junto con los señores elevados más tarde al museo y al Panteón. Nuestro pan también está hecho de su levadura. Ocultarlos es una trampa de la decencia entendida en su más estúpida acepción; y un intento de amputar un designio y un ser formados por ingredientes de variada especie. En consecuencia, la historia debe rescatarlos para el presente. Cuando los sintamos como cosa propia, sin incomodidad, quizá entendamos mejor lo que somos y los tropiezos sufridos en el camino.

Los pecadores son muchos, sin embargo. Aunque nadie ha realizado su censo, entre públicos y solapados deben ser numerosos en variadas épocas. Imposible saberlo con exactitud, debido al imperio del secreto de la confesión en la parcela eclesiástica y al sigilo que muchas veces procuró la autoridad civil en su corrección. En todo caso, la cantidad de sujetos y de años plantea un problema de método que en estas páginas se pretende resolver mediante el estudio de tres casos a los cuales unen tres elementos esenciales: la identidad de la procedencia social de los protagonistas, del objeto de su transgresión y del momento en el cual pecaron, o en el cual se supuso pecaron.

Analiza el libro la peripecia de tres blancos criollos a quienes se procesa por cometer delitos sexuales en la segunda mitad del siglo XVIII. Como se trata de portavoces legítimos de lo más encumbrado de la sociedad establecida, pueden iluminar con sus conductas las claves de la mentalidad dominante. Pero la investigación no se detiene solo en el episodio de los caballeros principales. Recoge los pareceres del pueblo y la reacción de los poderes frente a la culpa, datos susceptibles de soportar una reconstrucción de panorama que parece suficientemente adecuada.

Cada uno de los casos analizados constituye una unidad, pero no una isla. Se vincula a los demás por evidentes nexos sociales, geográficos y cronológicos, atadura que se pretende evidenciar en los capítulos de iniciación y balance. Su tratamiento como piezas de un conjunto igualmente se advierte en las referencias hechas cuando ocurre el examen de aspectos comunes. Entonces se remite al lector hacia fragmentos anteriores o posteriores del escrito, susceptibles de dilucidar mediante la explicación dedicada a un asunto, el problema relativo al otro.

El pecado ha sido objeto de numerosos estudios teológicos. Los padres y doctores de la iglesia le dedicaron el mayor interés en intrincados textos. Profundas obras produjeron la antigüedad y el medioevo, con el fin de ponderar su naturaleza y gradación. No pocas creaciones motejadas de heréticas lo abordaron con la debida pausa. Existe, en resumen, una densa literatura que explica los orígenes y el carácter del yerro espiritual, así como las formas de evitarlo. Para los fines del trabajo, tras el cometido de ubicar en la correcta dimensión cada uno de los casos tratados, se prefirieron escritos más elementales. La escogencia se guió por la convicción sobre el influjo que tuvieron en la sociedad los libros y folletos de accesible lectura, capaces de determinar la conducta mediante versiones simplificadas de las fuentes clásicas. En lugar de la *Summa Teológica*, por ejemplo, se pensó que en el siglo XVIII venezolano la gente consumió catecismos de circulación masiva y los devocionarios de ligera digestión anunciados por el pulpito. A ellos se recurrió, teniendo a mano los mamotretos como linterna para la ignorancia de quien suscribe, o como amparo contra interpretaciones heterodoxas.

Durante el período abarcado por este libro están cambiando muchas cosas en Venezuela. Los sucesos indican la inminencia de una crisis política y social. Desde 1750 los gobernadores machacan sobre la corrupción de las costumbres originada por las «indiscretas sugestiones» de la modernidad. Hasta el Príncipe de la Paz se alarma en 1795 porque los criollos siguen formas «díscolas» de vida. En 1797 se descubre en el puerto de La Guaira un plan para establecer la república. La gente no respeta la cartilla tradicional, dice la audiencia en 1799, debido a la «lluvia de papeles torpes» que ha inundado la provincia. Algunos viajeros extranjeros describen la proliferación de actitudes a la francesa que preocupan a las familias más antiguas, especialmente en el seno de la aristocracia. Los jóvenes consultan libros prohibidos, visten atuendos chillones y, en general, muestran una conducta «escandalosa». Personajes de prestigio en Caracas han llegado al extremo de fulminar la vacuidad de la educación y la hipocresía de las costumbres[1].

Pero, en medio del advenimiento de las luces, en pleno trance de recibir la modernidad, en la lumbre de la llamada pre-independencia, víspera de la revolución, ¿cómo reacciona la colectividad frente a la fornicación? El lector palpará en adelante la presencia de la cadena a largo plazo aludida antes, el constreñimiento de una familiar camisa de fuerza capaz de extender su ascendiente más allá de los cambios políticos y del movimiento del reloj. Las reacciones no son propias del mundo que conspira contra el antiguo régimen, sino criaturas de la ortodoxia negadas a dejarse suplantar.

Quizá no hayan desaparecido todavía en nuestro tiempo, como tampoco las maneras que se han tenido de observar a las figuras del pasado. Quienes exhiben tales maneras son capaces aún de responder con acritud frente a los análisis ofrecidos aquí. En su rol de arquitectos de la estatuaria cívica no se satisfarán con las razones profesionales que desembocaron en la redacción. Su enfrentamiento demostrará cómo en las maneras de escribir historia también el pasado lucha por la permanencia.

Escribí *Contra lujuria, castidad* mientras disfrutaba del año sabático concedido por mi *alma mater*, la Universidad Central

---

[1] Para este punto ver Elias Pino Iturrieta (1971): MaritzaVan (1965): Manuel Pérez Vila (1979); Caracciolo Parrà Leon (1933).

de Venezuela. Gracias a la ayuda económica de la Comisión de Recursos Humanos del CONICIT, la segunda parte del texto cobró forma en El Colegio de México, institución en la cual completé estudios del doctorado hace ya veintitrés años. De nuevo me recibió, ahora como Profesor-Investigador Visitante del Centro de Estudios Históricos, cuya biblioteca utilicé a mis anchas para apuntalar aspectos fundamentales del texto. La bibliografía relativa al pecado que se editó entre los siglos XVI y XVIII fue íntegramente consultada allá. Pero las fuentes primarias más importantes provienen del Archivo Arquidiocesano de Caracas, al cual accedí sin restricciones.

En el transcurso del trabajo tuve la compañía del padre Hermann González Oropeza, Director del Instituto de Investigaciones Históricas de la Universidad Católica Andrés Bello. Mucho le debo a su comprensión y a su pericia profesional. El joven historiador Fabricio Vivas, compañero de faenas en el Instituto de Estudios Hispanoamericanos de la UCV, me sacó de varias trampas en materia de paleografía. Su familiaridad con los documentos coloniales descifró para mí los signos más enrevesados. Los colegas Alicia Hernández Chávez y Manuel Miño Grijalva, Directora y Coordinador del Centro de Estudios Históricos de El Colegio de México, fueron en extremo hospitalarios con el investigador y sus problemas. Por sus atenciones el libro concluyó rodeado de facilidades. La diligencia de Alejandro Valderrama, funcionario del Archivo Arquidiocesano de Caracas, permitió una eficaz localización de las fuentes esenciales. Merced a las pistas que ofreció se redujo a pocos meses la pesada labor del principio. Camilo, mi hijo mayor, revisó con atención los originales y sugirió cambios de contenido. Seguí muchas de sus observaciones. Para todos y cada uno, obligante gratitud.

Caracas, abril de 1992

I. Las personas y los pecados

ALARMADO POR EL DESARREGLO de las costumbres que observa en 1761, Monseñor Diego Antonio Diez Madroñero acude a una estimable cartilla de conducta: las *Constituciones Sinodales* realizadas en 1687 por el Obispo Diego de Baños y Sotomayor, uno de sus predecesores. Ya son un texto viejo de setenta y cuatro años, pero hay razones para insistir en su actualidad: permanece sin mudanzas el catálogo de los pecados y el escalafón de quienes los cometen. Para liquidar la proliferación de faltas en una comarca alejada del temor de Dios, la prudencia aconseja mirar el molde propuesto en el período fundacional. La vida se corrige cuando transcurre en el seno sin sorpresas de la ortodoxia. Por consiguiente, el nuevo prelado resuelve refrescar la vigencia de las disposiciones eclesiásticas en la vida de los feligreses.

La salvación de la ecúmene depende de un manojo de leyes administradas por la iglesia romana, institución a la cual corresponde el cuidado del orden a cuya cabeza están los príncipes ungidos por Dios. Pero es impresionante la heterogeneidad del territorio susceptible de redención, tanto por las peculiaridades propias de cada entorno como por las características de cada conjunto de habitantes. Así, por ejemplo, no es lo mismo velar por las almas en la Península, hogar de cristianos curtidos en el combate de las herejías y crecidos en la educación tradicional, tierra cercana al papado y al trono de los reyes católicos; que en las colonias de ultramar, en cuyo seno la cristianización es todavía un experimento por las novedades de su escena física, por la antigua «idolatría» de sus habitantes y por las particularidades de la sociedad en formación. Velar por las almas en el mundo colonial significa hacerlo idéntico al mundo metropolitano, pero la búsqueda de tal identidad obliga a una adecuación del ambiente. De allí la existencia y la entidad de las *Constituciones Sinodales*, que traducen el paradigma a las señales de un teatro diferente.

En 1687 Venezuela es apenas el principio de un ensayo. Todavía vive la primera estación de una carrera que probará su éxito en el futuro, cuando copie a la perfección los usos aclimatados bajo la influencia del santo solio en los reinos de confesión tradicional. Debido a lo incipiente de los establecimientos, cuyos integrantes están en proceso de «civilización», se precisa un código canónico mediante el cual se plantee, en la medida de lo posible, un estilo de existencia según los patrones metropolitanos. Por eso Baños y Sotomayor, quien es apenas el cuarto Obispo con sede en Caracas, junta a sus diocesanos en la faena de redactar una cartilla que indique cómo vivir en derechura para ser la grey perfecta que pretenden las autoridades. Según entiende el Consejo de Indias el trabajo es escrupuloso y de buena doctrina, razones que desembocan en su publicación con licencia de Carlos II. Pero en 1761, cuando lleva la mitra Diez Madroñero, duodécimo pastor de la sede capitalina, los súbditos desacatan el manual.

Ahora Venezuela no es un ensayo, sino una colectividad en maduración que disfruta la bonanza de la agricultura. La riqueza brota de las arboledas de cacao, crece el comercio legal y clandestino, se incorporan nuevos contingentes de esclavos, el dinamismo signa a un conglomerado que crece sin mayores muestras de incomodidad bajo la tutela del rey y de la madre iglesia. Pero a la prosperidad la acompañan los excesos, al decir de Diez Madroñero. Ciertamente nadie ha declarado su antagonismo frente a los mandamientos del templo, ni ha atacado los preceptos del sínodo, ni ha llegado al escándalo de negar la legitimidad del gobierno. Sin embargo, muchas cosas se toman a la ligera, como si vivieran los cristianos una feria y no un valle de lágrimas. Aunque sin renegar de los cánones clásicos, un talante mundano mueve la superficie de la vida hasta el punto de invitar sin recato a las torpezas. En lugar de imitar las virtudes ancestrales, arraigan los vicios que la modernidad ha trasladado hasta lugares insólitos como la corte de España. Por consiguiente, conviene meter en cintura a los venezolanos, no vaya a ser que sus procederes conduzcan a desenlaces indeseables en esta vida y en el más allá.

Para remendar los entuertos el obispo puede convocar un nuevo sínodo, en el cual la asesoría de los religiosos ajuste las reglas genéricas en atención al estado de las costumbres. No en balde han transcurrido más de siete décadas en las cuales se ha asentado una imitación de vida que, con ligeros vaivenes, cumple la meta de hacer que se actúe como los sujetos que mandan desde el palacio, la basílica y la lonja mayores; y como los que les obedecen. No en balde ha imperado una implacable rutina que hace devenir propio lo que fue antes impuesto y ajeno. Aparte de las diferencias del ambiente y del hombre coloniales, nadie puede alegar que no funcione ya como cosa espontánea el proyecto diseñado a partir de 1492. Acaso convengan algunos retoques de adaptación, a través de un flamante código que patentice cómo se asemeja más la comarca, pese a ciertos devaneos propios del crecimiento, a los modelos de la civilización católica. Diez Madroñero, no obstante, prefiere machacar las pautas de 1687 que hace reimprimir para su obedecimiento con autorización de Carlos III.

La decisión del prelado es fundamental para la forja de la mentalidad venezolana. Significa reafirmar en las postrimerías coloniales unas normas de vida pensadas para la inauguración del proceso. Pese a las mudanza que experimenta la colectividad durante casi un siglo, la conducta de quienes la forman debe seguir oficialmente atada a la ortodoxia de los orígenes. El pecado, la virtud, los castigos, las gracias y la ubicación de los transgresores en la consideración de los religiosos se observan a través de un prisma inamovible. Mas también ineludible, si se considera el influjo que entonces tiene la iglesia. Las manifestaciones de la vida cotidiana encuentran explicación en los templos. Gracias a la medida de Diez Madroñera, los pastores manejan una sola brújula para vigilar el itinerario de los feligreses, y un estatuto invariable para calificar sus estaciones. Han cambiado las circunstancias, una mayor producción de riquezas ha debido transformar los apetitos de los hombres, sus posturas y sentimientos frente a la vida. La experiencia del desenvolvimiento en un teatro que ya no sufre las vicisitudes de la conquista y el poblamiento, sino una situación de evidente regularidad, seguramente ha hecho diversos a los colonos, pero las manifestaciones de la metamorfosis se deben filtrar en atención a una cátedra inveterada.

Según se colige de lo expuesto, la importancia de las *Constituciones Sinodales* de 1687 es medular para el análisis de los hábitos coloniales. Su autoridad sigue campante a partir de 1762, filtrando por el viejo rasero el pasar de la gente. Mientras la modernidad ofrece la incitación de una vitalidad diversa, los tirones del obispo aferrado a los preceptos más añejos imponen una cadena capaz de producir largo constreñimiento; o recursos de hipocresía y simple triquiñuela que permitan a los comarcanos vivir en paz con Dios y con el diablo. Amparado en el escudo del sínodo diocesano, Diego Antonio Diez Madroñera protagoniza una batalla campal contra las pompas mundanales que debe pesar más de lo imaginado en el sentir de los venezolanos[2]. En consecuencia, tanto los casos

---

2   Debido al impulso que les da Diez Madroñera, las *Constituciones Sinodales* de 1687 permanecen sin modificaciones hasta 1904. Largo imperio frente a unos hombres que liquidan el imperio español para ensayar una república laica. La trascendencia de sus preceptos es, pues, evidente. Además, son adoptadas sin enmienda por la diócesis de Mérida, de Maracaibo y Guayana, lo cual les da un carácter enteramente nacional. Diez Madroñero es Obispo de Caracas entre 1756 y 1769. Su actividad pastoral destaca por el combate de la mundanidad: prohibe el carnaval, elimina los bailes populares en las festividades religiosas, ataca el atuendo pecaminoso, funda más iglesias y ermitas, coloca nichos con imágenes sagradas en las esquinas de Caracas, exige mayor disciplina en los monasterios y en la administración de los curatos. Todavía espera por su biografía.

de transgresión examinados en este libro como cualquier análisis sobre la sociedad de la época, deben tener presentes a la insistente cartilla.

1. Autoridad y obligaciones eclesiásticas

Divulgadas en las iglesias parroquiales durante la misa mayor todos los años en oficios de cuaresma y colocadas en coros y sacristías, sitios en los cuales se encuentran atadas a una cadenilla para facilitar la consulta[3], las normas del sínodo son de obligatorio cumplimiento. Están legitimadas por la presencia del obispo, cabeza del culto exclusivo e indiscutible. Ungido por el Papa y aceptado por el trono como vocero de la institución de la cual mana el poder civil y en la cual se concede de manera oficial el pasaporte hacia la presencia de Dios, es un régulo primordial de la sociedad. Todos los hombres se topan con el obispo.

La alta burocracia busca las maneras de llevarse bien con Su Ilustrísima, debido a que su potestad no solo incumbe a negocios terrenales sino a la vida eterna. El mismo predicamento experimentan la nobleza y los estratos inferiores, cuyos miembros sienten reverencia y temor ante sus paramentos. Así como bendice el real pendón y los sellos de los monarcas para que adquiera validez el tránsito de las dinastías, puede fulminar a cualquiera, rico o pobre, mantuano o menestral, con anatemas susceptibles de remitir al infierno. La estatura de su influencia se refleja en las ceremonias más pomposas, en las cuales ocupa asiento principal con cojín y tapete acompañado de heraldo, pajes, canónigos, sombrilla, estandarte, escudo de armas e insignias indicativas de dignidad.

En cuanto representante del pontífice y con apoyo del patronato regio, tiene autoridad

---

3   Apéndices a *El Sínodo Diocesano de Santiago de León de Caracas de 1687* (1975), «De las Constituciones y su observancia», Art. 129, Vol. II, p. 74.

(...) para establecer leyes, y hacer constituciones, en orden al buen gobierno de las iglesias y súbditos (...) deseando remover de todo punto los estorbos, y frivolas evasiones de los que con el tiempo presumieren frustrar, y hacer ilusorias estas nuestras constituciones, para excusarse de su debida observancia[4].

Los castigos contra el desacato pueden evitarse con una oportuna visita al prelado, quien debe aclarar el contenido de las normas antes de dictar sentencia, porque primero es padre que juez de los cristianos. Pero los que no acuden al regazo del pastor quedan sujetos a penas cuya severidad varía en función de la transgresión cometida: penitencias públicas, suspensión de funciones, diferimiento de la absolución, confinamiento en pueblos y monasterios, encierro y tormento en la cárcel episcopal... La mayor de las sanciones es la excomunión, por medio de la cual se expulsa a los pecadores del seno de la iglesia, esto es, del cuerpo místico de Cristo[5].

El grado de privanza que ejerce se puede desprender del siguiente repertorio sobre casos de fuero mixto, en cuyos procesos está capacitado para intervenir a través de subalternos, o de manera directa. De acuerdo con las sinodales, pueden conocer:

> La causa del juramento, en orden a hacer observarlo (...)
> La punición de las blasfemias, cuando no son heréticas.
> La acusación del sacrilegio.
> La usura, en cuanto al castigo del usurero.
> El crimen de los falsarios de las letras apostólicas.
> El perjuro.
> Los concubinatos, y amancebamientos públicos, y notorios.

---

4 *Ibidem*, Art. 126, Vol. II, p. 73.
5 Las sanciones no se agrupan en un lugar determinado de las *Constituciones*..., sino a medida que la autoridad refiere una transgresión específica. Por consiguiente, debe examinarse todo el texto para tener idea cabal sobre el particular.

El delito nefando de la sodomía.
El de lenocinio, o alcahuetería.
El de incesto.
El de sortilegio, o hechicería, adivinación y otras supersticiones, que no tengan pacto implícito con el demonio, que entonces toca privativamente al Ttíbunal de la Santa Inquisición.
El adulterio, en cuanto a la pena; pero si se tratara civilmente de la separación, toca solo al juez eclesiástico su conocimiento (...)[6]

Según se observa, puede penetrar en la intimidad de los hogares para que el sexo funcione de manera lícita, en la tienda del comerciante para que no cobre premios excesivos, en las conversaciones rutinarias para que se haga honor a los compromisos y aún en la desesperación de los hombres que buscan un camino en los cultos menores y en la superstición. Su posibilidad de control es aquí semejante a la de la autoridad civil.

Debido a la inmensidad de la faena que significa hacer cumplir los mandamientos humanos y divinos, cuenta con la ayuda de un Vicario General a quien corresponde la organización del tribunal eclesiástico y la atención de las oficinas correspondientes. En su papel de presidente del tribunal, el vicario debe hacer audiencia pública todos los días, de diez a once de la mañana, para atender las causas criminales y matrimoniales o los negocios que se quieran ventilar ante la curia. Pero le corresponde especialmente ver que

> (...) se castiguen y corrijan los pecados públicos, para cuyo efecto los curas de esta ciudad, y los vicarios foráneos y curas de todo el obispado, mandamos le den particular noticia, de lo que hubiere que remediar, cada dos meses, y lo que para su enmienda han obrado por su parte (...)[7]

---

6 *Ibidem*, «De las Causas que son mixti-fiori, y su conocimiento», Arts. 38-51, Vol. II, pp. 278-279.
7 *Ibidem*, «Del Oficio de Potestate Judicis», Art. 206, Vol II, p. 119.

Del Vicario depende, pues, una suerte de pesquisa regular de las faltas estentóreas a las cuales se persigue para evitar que con su malicia contagien a la parte sana de la feligresía. Pecar a solas está prohibido, desde luego, pero es un acto que no traspasa las barreras de la responsabilidad, la condenación y el perdón individuales. Cuando el pecado trasciende atenta contra el orden de Dios porque pone en riesgo la suerte de sus criaturas predilectas, desprecia voluntariamente las disposiciones celestiales, o las regulaciones de la institución que las administra, e invita a una infracción colectiva.

Pero el Vicario atiende otras funciones de importancia: le corresponde la fiscalización de la cárcel episcopal para que los reos cumplan las condenas o reciban benevolencia, si conviene; oye denuncias sobre el trastorno de las costumbres; vigila la cancelación de diezmos y primicias; responde por la ejecución de los testamentos y debe recoger noticias sobre los curas, con el objeto de vigilar sus comportamientos[8]. Desde luego que lo medular de su trabajo son las causas criminales contra los clérigos, cuyo manejo está cargado de miramientos.

> Las causas criminales que se hicieran contra los clérigos, las tratarán y sentenciarán con todo sigilo, y fuera de la audiencia, con el tiento, decencia y atención que pide el orden sacerdotal; salvo si el delito fuere gravemente escandaloso, que pidiera pública satisfacción; y siempre la causa se siga ante notario, que sea clérigo[9].

El orden sacerdotal es sagrado, debido a que constituye la sucesión de los apóstoles en el desarrollo del culto y en la divulgación de la Escritura. Formados en la lengua, los misterios, la literatura y la liturgia de la iglesia fundada por el mismo Dios, los sacerdotes son inviolables y santos como la institución en la cual

---

8 *Idem*. Se debe señalar que existen varios vicarios foráneos que cumplen funciones semejantes.
9 *Ibidem*, Art. 211.

realizan el ministerio. Por consiguiente, los protege un fuero especial y las consideraciones se deben atender según su calidad.

Como apoyo para las tareas el vicario cuenta con un sacerdote en funciones de Promotor-Fiscal, quien porta insignia especial, defiende los intereses de la institución y se ocupa de «La enmienda de los vicios»[10], dirige un equipo de notarios a quienes debe distinguir la ecuanimidad y la prudencia[11], recibe el auxilio de un Alguacil Mayor y de un elenco de Fiscales Menores, quienes llevan vara alta de justicia con casquillo y señales de jerarquía en los hábitos[12]; y tiene bajo su mando a un Alcayde de la Cárcel, quien se ocupa de que la vida de los reos marche según principios de rigor y santidad[13].

Pero el obispo, el vicario y el tribunal están en Caracas, distantes del resto de la comunidad. ¿Cómo combatir, entonces, las irregularidades ocurridas en otras ciudades, en aldeas y campos? Pese a que tal faena corresponde a los curas, existe un procedimiento de fiscalización en lugares alejados: la Visita General. El obispo tiene la obligación de conocer directamente el estado de la diócesis, con el objeto de remediarlo en caso de necesidad. En su defecto puede delegar el cometido en un religioso de jerarquía, a quien se denomina Visitador. Las Visitas son una revista pormenorizada de las jurisdicciones dependientes de la mitra. En su realización se recogen noticias sobre las propiedades y los hombres de la iglesia, sobre el estado del culto, sobre la vida de los comarcanos, sobre las riquezas y carestías de una localidad y sobre todo lo que atraiga la curiosidad del Visitador, quien cuenta con un elenco de funcionarios dedicados a escribir los pormenores de la averiguación. No pocas veces constituyen un tesoro de evidencias sobre la rutina pública y privada, más copioso que los informes del

---

10 *Ibidem*, «Del oficio de Fiscal», Art. 217, Vol. II, p. 121.
11 *Ibidem*, «Del oficio de Notario», Arts. 234, 235 ss., Vol II, pp. 124-125.
12 *Ibidem*, «Del Alguacil Mayor y Fiscales Menores», Arts. 258-265. Vol. II, p. 128.
13 *Ibidem*, «Del Alcayde de la Cárcel», Arts. 258-259 ss., Vol. II, pp. 128-129.

gobierno[14]. Si tales evidencias descubren faltas graves, se procura de inmediato una solución.

Cuando las realiza el obispo, las Visitas se transforman en un acontecimiento aparatoso. Convocados por repique de campanas, las autoridades civiles, el ayuntamiento, los superiores y los regulares de los conventos, los curas de almas, las cofradías, la gente principal, las castas y los colores reciben con manifestaciones de cortesía y devoción al prelado, a quien acompaña un séquito que exhibe la mitra, el báculo y otros símbolos de autoridad. Los fieles hacen genuflexiones ante su paso, cantan salmos y, a veces, lo conducen hasta las puertas del templo en una especie de silla gestatoria que lo asemeja a una imagen en volandas de fiestas patronal. Para saludar a la cabeza de su iglesia la multitud llena las calles, enciende cirios y viste sus mejores atuendos[15]. Si la inspección es hecha por otro religioso las ceremonias pierden gravedad, pero igualmente desembocan en el llamado general que sigue:

> (…) acabado de leer [el edicto de Visita], exhorten los Visitadores por sus personas (y estando indispuestos, por otro predicador) al pueblo, a que le manifiesten los pecados públicos que hubiere que remediar, ponderando, que no sólo tiene culpa mortal, en ocultar los que supieren, sino en la circunstancia de ser causa de que se quede sin remedio, pasándose la visita, y dejándole en pie las culpas; advirtiéndoles, como juez, el castigo, y ofreciéndoles, como padre, la misericordia[16].

La presencia del Visitador conduce, pues, a la obligatoria delación de los pecados públicos de una localidad. Pero, más que un chivatazo, tal actitud se estima como un deber de conciencia.

---

14 Se sugiere examinar la Visita del obispo Mariano Martí, publicada por la Academia de La Historia. Refleja con elocuencia lo apuntado en general sobre las Visitas.
15 *Apéndices al Sínodo Diocesano…* (1975). «Del modo con que se ha de disponer la visita General», Vol. II, pp. 130-133.
16 *Ibidem*, Art. 282.

De acuerdo con los dictados de la caridad, la salvación de las almas es una empresa colectiva que, si no rinde frutos todos los días, debe convertirse en realidad cuando está de paso la persona más sagrada de la comarca o uno de sus representantes. Quienes acusan al vecino, o al amigo, o al pariente realizan un acto heroico en nombre de la virtud teologal. Así mismo, quienes ocultan las infracciones del vecindario no muestran solidaridad con el prójimo, sino connivencia con el diablo. Por consiguiente, es habitual que los fieles se transformen en una legión de fiscales según solicita el Visitador, o un predicador que exhorta a la muchedumbre sobrecogida por el reciente arribo del cortejo de clérigos.

La Iglesia sabe, sin embargo, que los colaboradores no se mueven únicamente por celo apostólico. Muchos aprovechan la presencia del obispo para calumniar a los rivales, o para cobrar una cuenta pendiente a través de testimonios falsos. En consecuencia, aconseja el sínodo caraqueño:

> Donde más es necesario la rectitud, y prudencia, es en el modo de corregir, y averiguar los delitos, especialmente en las visitas, donde suele tener lugar la venganza, con capa de celo: por consiguiente, encargamos y mandamos a nuestros visitadores, atiendan mucho a las personas y circunstancias, que concurren a las disposiciones (…)[17]

En atención a la sugerencia, después de que los deponentes juran ante un crucifijo, el Visitador advierte las penas acarreadas por el perjurio. Más tarde inicia un fatigoso interrogatorio sobre la seriedad de la denuncia y sobre la calidad del testigo, en presencia de alguaciles y notarios. Solo cuando atiende estos detalles ordena el desarrollo del proceso.

Las precauciones procuran la correcta averiguación de las faltas que se anotan de seguidas:

---

[17] *Ibidem*, «Del modo con que ha de proceder el Visitador en la averiguación y corrección de los delitos», Art. 291, Vol. II, pp. 133-134.

(...) concubinatos, incestos, quebrantamiento de los días festivos, retención de diezmos y primicias, usuras y otros semejantes; y examinar los maestros de escuela, las comadres, que asisten a los partos, cuanto a la materia, forma, intención del bautismo; y los censuatarios, herederos, albaceas, sobre el cumplimiento de los testamentos, últimas voluntades, capellanías, dotaciones y cualquier rentas eclesiásticas (...)[18]

Prácticamente nada escapa a la preocupación eclesiástica, ni a la caridad de los delatores: la lujuria, la avaricia, la mentira, la ignorancia, el deshonor, los ritos del comienzo de la vida y la suerte de las disposiciones postumas se vigilan en comandita con los fieles mientras un pueblo es visitado.

Pero interesa más la conducta de los curas, ya que de su desenvolvimiento dependen el culto y la redención de los pecadores en cada localidad. Las *Constituciones Sinodales* ordenan una averiguación puntillosa sobre ellos.

> Todos los curas deben ser visitados acerca de su vida, y costumbres, buena y puntual administración de los sacramentos, conocimiento de sus feligreses, y buen tratamiento de sus ovejas, residencia de su beneficio, enseñanza de la doctrina cristiana y explicación del santo evangelio, corrección fraterna de pecados públicos, visitas y exhortación de los enfermos, y buen ejemplo del pueblo, para que sean premiados, o reprendidos, conforme a sus costumbres. En las visitas de los demás clérigos particulares, se informarán nuestros visitadores de la modestia, el ejemplo y costumbres con que viven, de los hábitos, vestidos y compañías, con que andan: y visitarán sus títulos y capellanías, viendo si han cumplido con las mismas de su caigo, y si se han conformado con el título de *vita, honéstate clericorus* de estas constituciones sinodales[19].

---

18 *Ibidem*, «De lo que se ha de visitar acerca de las personas». Art. 290, Vol. II, p. 133.
19 *Ibid.*, Arts. 288-289, Vol. II, p. 133.

Los curas son censores y servidores de una feligresía en cuyo seno deben proceder ajustados a un estricto reglamento. Deben predicar el evangelio todos los días, «con obligación de pecado mortal, por ser precepto divino»[20]; durante cada tarde deben dedicar un rato a los niños para que conozcan la doctrina[21]; deben hacer reuniones periódicas con la «gente de servicio» con el objeto de inculcarles las obligaciones religiosas[22]; deben administrar con puntualidad los sacramentos, sin que existan excusas que justifiquen el incumplimiento[23]; deben visitar los hospitales y las cárceles; y ocuparse de procesiones, altares, fábricas religiosas, obras pías, ornamentos, joyas, imágenes de Dios y de los santos, libros de registro, libros de cuentas, reliquias y vestiduras pertenecientes a la iglesia parroquial[24].

El mantenimiento del culto es apenas una parcela de su trabajo. Tienen, además, la inextricable misión de encarnar la santidad:

> (...) deben disponer de tal suerte su vida, con la frecuencia de la oración, templanza en la comida, y bebida, castidad del cuerpo, modestia en el hablar, misericordia para con los pobres, humanidad y caridad con todos, que lo que en la iglesia enseñan con palabras al pueblo cristiano, ellos mismos lo ejecuten con el buen ejemplo de sus obras, y lo muestren en sí, como imágenes[25].

Como imágenes, ciertamente, si el texto se refiere al bulto de los bienaventurados que figuran en el altar. Porque las *Constituciones* les ordenan la repetición del tránsito de los varones canonizados, nada menos.

---

20 *Ibidem*, «De las obligaciones de los curas, en orden a predicar la palabra de Dios», Art. 39, Vol. II, p. 36.
21 *Ibid.* Art. 43, Vol. II, p. 37.
22 *Idem.*
23 *Idem.*
24 *Ibidem*, «De las funciones parroquiales propias de los curas», Vol. II, pp. 87, ss.
25 *Ibid.*, «De los curas beneficiados y sus tenientes». Art. 44, Vol. II, p. 85.

Ese tránsito tiene dos escollos fundamentales: la atracción producida por la profanidad y las tentaciones de la mujer. Para alejarlos del mundanal ruido se les ordena evitar el trato «y llaneza familiar con los seculares, absteniéndolos de convites, y procuren no andar vagando por las plazas, lugares públicos profanos»[26], pues la liviandad es de ellos silvestre fruto. Igualmente les queda vedado cantar –tonadas y trovas refieren los yerros de los hombres–, bailar –las coreografías encienden malos instintos–, entrar en las tabernas –licor y desenfreno van de la mano–, jugar de envite –entre garitos reinan las blasfemias y las artimañas– y ejercer el arte de la medicina[27] –para que no averigüen en cuerpo ajeno lo que no se les ha perdido.

En relación con el sexo femenino, se dispone:

> Para quitar toda ocasión próxima, no sólo de la culpa, sino de la sospecha de ella: Mandamos que ningún eclesiástico regular, ni secular, viviendo extra claustra, tenga en su casa mujer, de quien se pueda tener sospecha, o por su poca edad, trato, porte de su persona, y otros probables indicios, que la ocasionen. Y sólo permitimos, tengan en su compañía madre, hermana, y otra parienta, cercana, y ajena de toda sospecha. Y para el servicio de su casa, permitimos tengan aquellas personas de que necesitan, siendo con las condiciones dichas (...)
> (...) No acompañen ni escuderen mujeres, de ningún estado, condición o calidad que sean, so pena, de que procederemos al castigo, que nos pareciere[28].

Ni siquiera pueden confesar a las damas cuando el sol se oculta[29]. El sexto mandamiento prohibe a todos los hombres el vínculo

---

26 *Ibid.*, «De sus costumbres», Art. 180, p. 113.
27 *Ibid.*, Art. 185, p. 114.
28 *Ibid.*, Arts. 179,186, pp. 133-134.
29 *Ibidem*, «De los confesores, ministros, del sacramento de la penitencia». Art. 63, Vol. II, pp. 164-165.

amoroso con las mujeres, si se efectúa fuera del matrimonio, pero a los curas, como se puede ver, les corresponde un apartamiento severo. Debido a los votos de castidad solo se pueden aproximar a ciertas féminas de su parentela y a las cristianas viejas, feas y antipáticas. Si violentan el canon pueden sufrir suspensión de oficio y beneficio, pérdida de licencias para celebrar la misa y administrar los sacramentos, confinamiento, encierro en la cárcel episcopal y excomunión mayor *latae sententiae*[30].

No en balde son el paradigma de las ovejas. En cada parroquia deben sobresalir en el ejercicio de las virtudes teologales y cardinales, «a imitación de los apóstoles». Son rectores de la comunidad, al lado de la potestad civil. El rebaño dirime la eternidad todos los días en un contorno a cargo de los curas.

2. Los distintos hijos de Dios

El Señor creó ese rebaño a su imagen y semejanza, fenómeno que hace idénticos a sus integrantes por la proveniencia de una sola fuente vital, pero los religiosos que entonces custodian la porción venezolana del rebaño establecen diferencias de entidad entre los que la forman. Debido al lugar que ocupan en la colectividad y a limitaciones intrínsecas, los hijos de Dios son desiguales de acuerdo con los preceptos del sínodo. En consecuencia, reciben un trato acorde con las cualidades que los distinguen. Un buen cura de almas es aquel que emplea la prudencia ejerciendo su ministerio según la categoría del sujeto que lo requiere. Está obligado a diferenciar, por lo menos, entre los «padres de familia» y la «multitud promiscual»[31].

---

30 En las secciones de Judiciales, Eclesiásticas y Episcopales del Archivo Arquidiocesano de Caracas se encuentran numerosos expedientes de Sacerdotes lascivos a quienes se condena como se apuntó, de acuerdo a la gravedad de sus faltas.
31 *Apéndices al sínodo...*(1975), «Exhortación a los curas», Art. 65, Vol. II, p. 42.

Los hombres que forman un hogar para tener descendencia de acuerdo con la ley no son «padres de familia», como se pudiera pensar con arreglo a la lógica de nuestros días. Los «padres de familia» constituyen un sector especial de la sociedad que comparte el poder con el clero y con la autoridad secular. Aunque las *Constituciones*... no los describen de manera expresa, su definición se desprende de las obligaciones que les imponen. De acuerdo con el Título XIX de la cartilla:

> Son los padres de familia, en sus casas, justicias, para distribuir cada uno de los suyos lo que les toca. Son en cierto modo, prelados, para enseñar, advertir y encaminar a los de su familia; de suerte que ninguno ignore lo que debe obrar, y lo que debe huir. Son atalayas, son centinelas, que deben velar sobre las ocasiones de sus hijos, criados y esclavos para enmendar los descaminos, que puedan tener[32].

El texto no se refiere, evidentemente, a los vecinos corrientes que fabrican un hogar cristiano, sino a un distinguido elenco de personajes, aquellos que, además de vástagos, tienen servidumbre y esclavitudes.

Los «padres de familia» son, entonces, los blancos criollos, los miembros de una selecta parcela que tiene en la cima a los mantuanos cuya parentela no solo se forja por las relaciones de consanguinidad y afinidad usuales a cualquier ser humano. Además de abuelos, padres, tíos y cuñados de un conjunto de personas, devienen patriarcas de una multitud de dependientes. A su alrededor gira un conjunto de individuos menores, ante los cuales tienen la misión del magisterio cotidiano. Están en la cúspide para colaborar en el concierto establecido por la providencia.

---

32 *Ibidem*, «De los padres de familia», Art. 343, Vol. II, p. 144.

> No entiendan los padres de familia que les ha dado Dios los hijos, los criados, los esclavos y las haciendas, sólo para que vivan lustrosos en la república, para que sean venerados entre sus vecinos, y que con la grandeza de sus casas se olviden de Dios, y se ensoberbezcan, y desprecien a los humildes. Hálos hecho Dios padres de familia para que con recíproco amor, y según buenas reglas de justicia, como reciben de sus hijos, criados, y esclavos, el honor, el servicio, la obediencia, y reverencia, ellos los acompañan con la buena crianza, doctrina, sustento y cuidado de sus personas, procurando dejar a sus hijos más ricos de virtudes, que de bienes temporales, y que sus criados, y esclavos, sientan más su muerte, o falta, por los buenos oficios, que la de sus propios padres, por naturaleza[33].

En consecuencia, los blancos criollos no se encuentran en la cúspide por razones circunstanciales. Está en el orden de las cosas su tutela de la colectividad por disposición de Dios. Tienen la obligación de convertirse en cabeza, a veces dura, a veces afectuosa, de un enjambre de sujetos pequeños a quienes deben guiar en la obediencia de los patrones clásicos. Están en la cúspide para llevar al templo los vasallos y para enseñarles a respetar la ley; para ofrecerles un modelo de vida que es también camino de santificación; para hacer realidad las barreras impuestas por la providencia entre los seres humanos; para castigar, desde luego, a los díscolos que osen transgredirlas. A cambio de tantos favores y como reconocimiento de la gravosa encomienda establecida por el creador, reciben el servicio de las castas en el campo de actividad económica y la reverencia plena en la parcela de las convenciones sociales.

En relación con el control de los criados, mucho ilustra el siguiente fragmento de las *Constituciones Sinodales*:

---

33 *Ibid.*, Art. 344, Vol. II, pp. 144-145.

No porque sean libres asalariados, se les debe permitir licencia de pecar, ni tener ocasión alguna, dentro, ni fuera de casa; pues en esta materia deben los padres de familia anteponer el temor, y la Santa Ley de Dios, a todas las conveniencias y utilidades, que de los dichos criados, y sirvientas, se pueden seguir a la familia, y hacienda[34].

Y sobre los negros basta la referencia que viene:

Y porque (...) en muchas familias, vemos la profanidad con que visten algunos esclavos, y esclavas, usando de galas costosas, que no pueden proceder de lo que sus amos, y señores les dan, para su vestuario, y sustento; les exhortamos en el Señor, no consientan demasías en los trajes y vestidos, a sus esclavos, y esclavas, contentándose con que tengan el abrigo competente, y necesario, para la vida y honestidad[35].

Según se colige de lo expuesto, mientras compaginan el servicio personal con el servicio divino, que es principal y anterior, los criollos pueden ejercer sobre la conducta de la servidumbre una fiscalización semejante a la de la iglesia que los autoriza.

Mas, ¿cuál precepto impone, en definitiva, la obediencia de los siervos y los esclavos? Si los criollos son los «padres de familia», lo que compete a su influencia se analiza de acuerdo con el contenido del cuarto mandamiento de la ley de Dios: honrar a padre y madre. Las sinodales incluyen un catecismo en el cual extienden a los dependientes las obligaciones que los hijos tienen con sus progenitores. Dice el catecismo: «(...) el criado, o esclavo, debe mirar a su señor, como a superior, y padre, para honrarle y servirle (...)»[36].

No es la voluntad del rey, ni el poder que han acumulado a través de la historia los propietarios, la fuente de la cual manan los derechos de los criollos. Su privanza surge de una interpretación

---

34 *Ibidem*, «De los criados», Art. 353, Vol. II, p. 146.
35 *Ibidem*, «De los esclavos», Art. 359, Vol. II, p. 147.
36 *Ibidem*, «Los mandamientos», Vol. II, p. 64.

del decálogo, esto es, de la ley escrita por el propio Dios para el pueblo elegido. Y como el obispo es intérprete oficial del decálogo en la provincia, no se pueden plantear dudas al respecto.

La trascendencia de los «padres de familia» igualmente se fundamenta en las limitaciones de la «multitud promiscual». Existe en ella una incapacidad para la vida civilizada que obliga a su cuidado por los superiores. Escasos de inteligencia y extraños de lengua, los integrantes de esa multitud están perdidos sin los tutores. Porque:

> No son iguales en los hombres los entendimientos, y capacidades para percibir la doctrina; (…) De diferente manera se ha de portar el cura, y el maestro, con el hombre capaz, que con el ignorante (…) Diferente explicación ha de tener para el español, cuya lengua entiende perfectamente, que para el negro o indio bozal, que apenas sabe declarar sus afectos: Y en suma de diferente manera habrá de usar de la explicación de los misterios, cuando da lugar el tiempo, o cuando le estrecha la ocasión al último tiempo de la vida, en que le pide el bautismo, o la penitencia, un negro incapaz, que apenas se distingue de una bestia[37].

Al decir del sínodo, la ineptitud del vulgo obedece a dificultades de comunicación. El rompecabezas de la jerga de los bozales obliga a desarrollar estrategias especiales de evangelización, o de «civilización» en general. Pero el texto también asegura la existencia de restricciones de naturaleza intelectiva que pueden asimilarlos a los animales. Se extrae tal noción de la experiencia obtenida en la catequesis. Así observamos cómo discurren en otro lugar las Constituciones:

> Hemos experimentado en nuestra Diócesis algunos indios, y negros tan rudos, que después de mucho trabajo, y explicación, en mucho tiempo

---

37 *Ibidem*, «Del orden y modo con que los curas y doctrineros, maestros de niños, y demás a quienes toca, deben enseñar este catecismo», Art. 106, Vol. II, p. 70.

no saben los misterios más necesarios, para ser bautizados, y recibir los otros sacramentos[38].

Situación que desemboca en plantear la seguridad de la existencia de personas» sin esperanza de que se hagan capaces»[39]. Personas que jamás entenderán el artículo de la Trinidad, ni la pasión y muerte de Cristo, por ejemplo, frontera que los debe separar por siempre de la sagrada comunión[40]. Frontera que los debe mantener en sumisión, desde luego.

Pero la sumisión no les da a los «padres de familia» una patente para el uso ilimitado de los inferiores, ni siquiera en el caso de los negros. Los propietarios deben entender que solo se les permite el dominio sobre el trabajo de sus brazos, pero no sobre las almas. Éstas han sido, como las de ellos, redimidas por la sangre de Cristo. En consecuencia, no pueden colocarlos en labores que les impidan asistir a la doctrina, ni dejar de alimentarlos o vestirlos según normas de modestia y humanidad[41].

Además, como hijos de Dios los esclavos solo pueden recibir una tortura atemperada.

> Ordenamos y mandamos, que cuando se haya de castigar algún esclavo, o esclava, sea con moderación, que pide la piedad, y caridad cristiana, sin pasar de lo que con horror y sentimiento nuestro hemos oído algunas veces: Pues si acaso el delito del esclavo fuere muy grave, será bien, que la justicia real castigue, según la gravedad de su delito; y en los ordinarios, que cometen, y que deben corregir dichos padres de familias: Mandamos, no se use de caña de brea, lacre, velas encendidas, ni otros instrumentos de fuego, pena de Excomunión Mayor: ni en los azotes se exceda de tal

---

38 *Ibidem*, «Como se han de enseñar a los que no hay esperanza de que se hagan capaces». Art. 155, Vol. II, p. 71.
39 *Idem*.
40 *Idem*.
41 *Ibidem*. «De los esclavos», Arts. 355-358, Vol. II, p. 147.

manera, que pase de corrección: ni las prisiones sean tan dilatadas, que les embaracen a cumplir con la iglesia, sobre que mandamos a nuestros curas, en conformidad de lo dispuesto por el Santo Concilio de Trento, miren con el modo que pudieren, por la fatiga de tan miserables personas, y soliciten su alivio; y a las justicias de su Majestad, exhortamos, no permitan semejantes crueldades[42].

Sobre los indios el sínodo realiza una legislación pormenorizada, con el objeto de protegerlos de los encomenderos y de los comerciantes. Así por ejemplo, establece prohibición de sacarlos de los pueblos de doctrina, bajo ningún pretexto; considera ilegal el trabajo de los jóvenes menores de dieciocho años, que no se puede realizar ni siquiera en la casa de los curas doctrineros; la intromisión en las labranzas de los aborígenes y cualquier faena realizada por los adultos que no reciba una remuneración ajustada a la ley[43].

Aparte de descubrir los excesos cometidos por los «padres de familia», capaces de contristar el corazón del obispo, la ley canónica promueve un servicio personal que excluya la atrocidad. La superioridad del estamento primacial y las diferencias entre los hombres deben existir, pero sin los estigmas anticristianos de la insensibilidad y la sevicia, cuya persistencia pude tener el escarmiento de la excomunión. Según nuestra iglesia colonial, en suma, la sociedad venezolana debe ser benévolamente desigual.

3. Breve catálogo de pecados

Los pecados son una infracción a los mandamientos de Dios y a la ley de la iglesia, que se castigan según el peso. Tienen

---

42 *Ibid.*, Art. 362, Vol. II, p. 148.
43 *Ibidem*, «De las obligaciones particulares de los curas doctrineros». Arts. 63-78, Vol. II, pp. 90-93.

consideración, clasificación y pena universales, desde luego[44], pero las autoridades diocesanas pueden hacer ajustes en su apreciación de acuerdo con especificidades regionales y necesidades de coyuntura. El hecho no significa disminuir la entidad de las faltas mortales, ni aumentar la carga de las faltas leves, sino ajustar el prisma que las observa desde una atalaya distinta a la europea tradicional. La misma realidad que permite a las *Constituciones Sinodales* hacer una lectura peculiar de los comarcanos, posibilita una estimación diversa de los yerros.

Los mayores de ellos, por ejemplo, cuya absolución se reserva exclusivamente el Obispo, tienen que ver con la vida de la «multitud promiscual». Se trata de:

> Quemar o brear a los esclavos, o castigarlos con excesos (...) No dar doctrina a los indios, en el tiempo por Nos señalado (...) Los que sabiendo que los indios tienen casa donde idolatrar, no nos dan aviso (...) Quedarse con el legítimo jornal, que los indios hubieren ganado con su trabajo (...)[45]

Igualmente se reserva el prelado la limpieza de otras transgresiones que generalmente son potestad del confesor ordinario. Se les concede mayor importancia en Venezuela que en otras partes, en cuanto competen directamente a la cabeza de la iglesia. Se trata de:

> Los que teniendo sus mujeres fuera de este obispado, no van a hacer vida maridable con ellas, habiendo más tiempo de tres años, que de ellas se

---

44 De acuerdo con el Concilio de Trento: «Si alguno afirma que el pecado de Adán le dañó a él solo, y no a su descendencia; y que la santidad que recibió de Dios, y la justicia que perdió, la perdió para sí solo, y no también para nosotros; o que inficionado el mismo con la culpa de su inobediencia, solo traspasó la muerte y penas corporales a todo el género humano, pero no el pecado, que es la muerte del alma; sea excomulgado: pues contradice al Apóstol que afirma: Por un hombre entró el pecado en el mundo, y por el pecado la muerte; y de este modo pasó la muerte a todos los hombres por aquel en quien todos pecaron». Decreto sobre el pecado original, Nº II, p. 49.
45 *Ibid.*, «De los casos reservados en Santo Sínodo», Arts. 14,19,22-23.

apartaron (...) No haber cumplido con el precepto de comulgar, y confesar en cada año[46].

Seguramente las dificultades de comunicación, susceptibles de permitir delitos como el abandono de la esposa legítima y la bigamia o la olímpica desatención del sacramento de la eucaristía, hacen que solo incumba su perdón a la potestad episcopal. Tales pecados, junto con los que cometieran los «padres de familia» sirviéndose mal de los dependientes, se ubican entre las máculas de gran calibre típicamente venezolanas.

Las otras de idéntica proporción, igualmente sujetas a la consideración exclusiva de Su Ilustrísima, son entonces las usuales de la cristiandad. Veamos el repertorio:

> El juramento falso, en tela de juicio. Homicidio voluntario perpetrado. Sacrilegio, en lugar, o cosa sagrada. Sortilegio, o cualquier superstición, para ver y consultar al demonio. Usuras, y detenciones de diezmos y primicias. Hacer libelos infamatorios, y fijarlos, o hacer que otros los fijen. Hacer maleficios, con cosas sagradas, usando de ellas para los torpes [sic], Incesto, en grado, que dirima el matrimonio, con consanguinidad, afinidad, o parentesco espiritual. Aborto voluntario, aunque no esté animada la criatura; o tomar bebidas para ello, o aconsejarlo. Abrir las cartas agenas, o esconderlas o consumirlas. Poner manos violentas en clérigo, o religioso, cuando no esté reservado al Papa. Sodomía, y bestialidad. Blasfemia pública. (...) Conocer carnalmente a la hija de confesión. Incendio hecho de propósito. Casamiento clandestino, y testigos de él. Falsear escrituras, o nuestras letras (...) Poner manos violentas en Padre, o Madre[47].

Ningún confesor puede absolver de ellas sin permiso especial del obispado, si no fuere en artículo de muerte. En las licencias

---

46   *Ibid.*, Arts. 20-21.
47   *Ibid.*, Arts. 1-13,15-18,20, 24.

de confesión expedidas por la curia se advierte el asunto. Además, en las sacristías de todas las iglesias se coloca una tablilla con la lista, para que ningún religioso alegue ignorancia de la restricción a la hora de distribuir perdones[48]. Solo le compete lavar otras manchas.

En el catecismo incluido en las Constituciones se elabora una especie de nómina de los pecadores sujetos a redención mediante la asistencia al confesionario de cualquier sacerdote. He aquí un resumen de ellos:

> El que jura sin verdad, sin justicia y necesidad (...) El que jura de hacer al mal hecho (...) El que hiere, amenaza, injuria, o no perdona (...) El que propone cumplir los malos pensamientos y se deleita con ellos [El] que hace todo género de lujuria, y torpeza, fuera del matrimonio (...) Quien a otro lo hurta [lo ajeno], o lo quita contra justicia, o le hace algún daño injusto, o es causa de que otro lo haga. [El que quita] la honra, y fama al prójimo, levantándole testimonio, o manifestando sus faltas secretas. [El que abriga] deseos, y codicias sexuales, y de hacienda (...)[49]

Los pecadores de ayer son idénticos a los de hoy, se puede afirmar luego de ver este repertorio. Sin embargo, es distinta la iglesia que los atiende. El obispo Baños y Sotomayor que convoca el sínodo en 1687 y el obispo Diez Madroñera que lo machaca en 1761, poseen autoridad suficiente para ejercer presiones cuyo alcance no se confina al terreno espiritual.

Como adelantados del papa y como soportes del monarca, mas también por el ascendiente que ejercen en la sociedad, cuentan con recursos capaces de cambiar la vida de los hombres antes de que acudan a la cita del juicio final. Según ya se vio, las *Constituciones Sinodales* los autorizan a encarcelar a los transgresores, por ejemplo, a encerrarlos en un monasterio, a avergonzarlos

---
48 *Ibid.*, Vol. II, p. 168.
49 *Ibidem*, «Los mandamientos». Vol. II, pp. 63-66.

arrojándolos del templo o a impedir que ejerzan un empleo. Para el cumplimiento de su misión cuentan con un tribunal generalmente temido y con un séquito de vicarios, fiscales, alguaciles y clérigos ordinarios que determinan las costumbres en el nombre de Dios. La existencia de tales instrumentos de poder establece la diferencia con nuestros días.

Sin embargo, la iglesia no persigue a ultranza un ejercicio de supremacía sobre una piara de criaturas medrosas. Batalla por una confesión exclusiva y excluyeme, custodia con celo su heredad, reprime la heterodoxia y la desobediencia, naturalmente, pero pretende recrear una sociedad más justa en relación con el modelo europeo. Ciertamente no promueve una revolución que trastorne la disposición de los estamentos, pero en la redacción de las normas del sínodo propone un conjunto de frenos susceptibles de conducir hacia un orden menos cruento. En la cima de ese orden se deben ubicar los «padres de familia», como sucede con la nobleza de la sangre en la cúpula de la sociedad metropolitana, pero atados a un reglamento que les impida la tiranía sobre los inferiores.

Ahora, ¿qué sucede cuando los «padres de familia» se exhiben como pecadores contumaces? El estamento primacial tiene la misión de la sensatez, debido a su condición de soporte del régimen y de guía de la «multitud promiscual». Cuando sus figuras protagonizan el escándalo a través de ejemplos perniciosos pueden conmover los cimientos del sistema. En consecuencia, la iglesia tiene la obligación de contenerlos. ¿Llega a hacerlo con eficacia? Los «padres de familia» son los propietarios de la jurisdicción y pretenden en el futuro el monopolio del gobierno civil. Han labrado desde antiguo una preeminencia originada en el control del comercio y la agricultura. Solo los burócratas venidos de España se les comparan en privilegios, aunque no pocas veces resultan apabullados por la carta de su abolengo y por el peso de sus doblones. Son, en suma, muy poderosos. El castigo de sus transgresiones debe ofrecer problemas. La autoridad espiritual tiene que manejarlo con las prevenciones del caso.

Los pasos torcidos de un barón de la tierra y de un rico beneficiado, las sospechas contra un fraile principal cuyos procesos ventilados ante el tribunal eclesiástico de Caracas se analizan en adelante, dan cuenta de tal situación que descubre el destino de la justicia y el poder en la Venezuela de finales de la colonia. Son tres episodios de pecados y personas, a través de los cuales se revelan las convenciones, los prejuicios, los sentimientos, las miserias y las actitudes altivas de una sociedad en vísperas de proclamar su soberanía. Mucho de lo que entonces mueve a los personajes permanece en nuestras vivencias, seguramente, con el disfraz que la mentalidad colectiva utiliza para soportar la carrera del tiempo.

II. La incontinencia escandalosa

EN AGOSTO DE 1774, EL TRIBUNAL del arzobispado inicia un proceso contra la violación escandalosa de las *Constituciones Sinodales*. Unas personas caritativas han visitado a don Miguel Muñoz Aguado, Vicario General y Juez Eclesiástico, para enterarlo de la situación: el párroco de Cúpira vive con abandono de alma, sin temor de Dios y de su conciencia. Movido por las noticias que aportan los denunciantes, el vicario ordena una averiguación a través de la cual se recopila un conjunto de evidencias que dan lugar a un laborioso pleito. Pero el encuentro que entonces se desarrolla entre el contenido de los testimonios, la voluntad de la autoridad religiosa y la reacción del acusado, descubren una urdimbre de influencias, investiduras y recursos en cuyo desarrollo se pierde la obligación de castigar un pecado excesivamente público. De allí la trascendencia del suceso.

El párroco de Cúpira es protagonista de un amancebamiento que lleva con la mayor insolencia. Su relación sin tapujos con una mujer casada no solo lo conduce a desatender los deberes del curato, sino a insultar a los vecinos y a mezclar el desenfreno con la casa de Dios y con los objetos píos. La concupiscencia lo ha hecho transformar en una especie de casa llana el beneficio concedido por el obispo Mariano Martí. Se le puede condenar por violación del voto de castidad, por utilización indebida de lugares y cosas sagrados y por tiranizar a los feligreses. Debido a la estatura de la transgresión el padre Juan Rafael Rodríguez, Teniente Fiscal de

Obras Pías, lo persigue con diligencia. Sin embargo, no logra que los autos concluyan en una sentencia ajustada al delito. Ni siquiera consigue que el criminal permanezca recluido en la cárcel diocesana. Como maneja con acierto los vericuetos legales y la relación con personas de valimiento, el extraviado sacerdote termina por librarse, aunque con harta dificultad, de cualquier correctivo.

El acusado no es una persona común. Además de pertenecer al orden sacerdotal desde 1771, año en el cual lo consagra el Metropolitano[50], es hijo legítimo de un destacado «padre de familia». Desciende de don Martín de Tovar y de doña Antonia Ramírez, quienes lo ven nacer en Caracas el 10 de enero de 1747[51]. En el proceso se le señala con el nombre de Andrés de Tovar y Bañes, hasta entonces de buen comportamiento en el Colegio Seminario de Santa Rosa que lo hace bachiller, y en las funciones del diaconado. En las venas de la parentela corre la misma sangre del obispo Fray Mauro de Tovar, prelado áspero que protagonizó diversas disputas con el Gobernador y con los criollos lascivos, a quienes fulminó con excomuniones y órdenes de prisión. Su enfática manera de manejar los asuntos diocesanos dejó huella en la comarca desde 1640[52]. En esa época ocurre el establecimiento de dos sobrinos del mitrado, Martín de Tovar y Bañes y Martín de Tovar Mendieta, quienes fundan una de las estirpes más encumbradas de la provincia. Sus descendientes llegarán a ser Condes de Tovar y Marqueses del Valle de Santiago[53].

Pero el personaje de nuestro episodio no solo está cerca de los blasones, sino también en la médula del poder material. Su padre tiene mansión en la capital, hatos, reses, servidumbre y

---

50 «Petición de Órdenes del Bachiller don Andrés de Tovar», AAC, *Eclesiásticos*, Peticiones de Órdenes 1770-1771, Legajo 21, folio 23, Nº 62.

51 «Noticias sobre ordenados», Caracas 27 de noviembre de 1771. AAC, *Eclesiásticos*. Legajo 21, folio 24.

52 Blas Millán (1956); Andrés Florentino Ponte (1944).

53 Datos suministrados por Antonio González, investigador de la Academia Nacional de la Historia, quien adelanta un trabajo sobre la familia Tovar.

esclavitudes en Cúpira, en el alto llano y en la jurisdicción de Guanayen; y su hermano don Juan Joseph también es un propietario acaudalado. Ha fundado unas plantaciones en Cumaná, galopa en hermosos corceles escoltado por unos negros de su repartimiento personal y administra las heredades del viejo, quien permanece postrado por la ceguera[54]. El bachiller don Andrés de Tovar y Bañes es un hombre principal.

Tanto peor para él, en primera instancia, pues el beneficio lo obliga a atender con escrúpulos la parroquia y la sotana lo conmina al ejercicio de la santidad. Además, de su ubicación en el sector de los blancos criollos se desprende un conjunto de obligaciones frente a la «multitud promiscual». Lleva el peso de dos diversas cargas; la del ministerio religioso y la del estamento primacial. De la primera debe responder ante el obispo y ante el mismo Dios, no en balde tiene bajo su cuidado la salvación de las almas en este valle de lágrimas. De la otra puede responder ante el brazo secular, porque forma parte de un condominio con el rey para custodiar la simetría social de la provincia. Pero tanto mejor, a la vez. Se puede valer de los fueros que protegen a su sagrada persona para obtener el tratamiento reservado de las fechorías que le endilgan, y manejar los vínculos usuales a los caballeros de alcurnia con el objeto de eludir los rayos de la justicia. El oficio y el origen del procesado son, juntamente, socorro y desabrigo para sortear el descomunal cargo de amancebamiento con profanación.

De veras está en aprietos el padre Tovar. Según dicen las personas de calidad, se refocila sin rubor con una mujer a quien ha concedido, aparte de su torcido amor, ventajas inadmisibles que llegan hasta el extremo de irrespetar la casa y las cosas de Dios. Para colmos exhibe la desvergüenza con una dama casada, esto es, con una persona a quien el séptimo sacramento impone una sola y única conducta inviolable para todos los cristianos. Ya

---

54 «Autos criminales que se siguen contra el Br. Dn. Andrés de Tovar, cura del Valle de Cúpira sobre varios escándalos que cometió en dicho valle». AAC, *Judiciales*, Legajo 82, fol. 28. y vto.

el hecho de ser ministro del altar y tener cerca cualquier mujer constituye un peligro letal. Tenerla en concubinato es simplemente monstruoso.

1. Los calzones de uno

La literatura para instrucción de eclesiásticos ordenados es abundante en la época de nuestro bachiller de Cúpira. La iglesia no se contenta con formar a sus ministros en el seminario, ni con machacarles las obligaciones de ley. Se interesa en divulgar escritos que edifiquen a los flacos hombres cuyo apostolado discurre en la lejanía de las parroquias, ajeno a la mirada de los superiores y próximo a las tentaciones.

En un tiempo caracterizado por la dificultad de las comunicaciones personales, es usual que la jerarquía recomiende a los soldados de Cristo la lectura del *Singularitate Clericor, o el Habit Virginis*, de San Cipriano, o fragmentos de Santo Tomás que corren bajo el título de *Tabula Aurea*, o la *Tuba Sacerdotalis* de Jacobo Marchant editada por Vives. También hace circular escritos más elementales, como *El cristiano instruido*, del padre Leñeri, destinado a las mentes más rústicas.

Uno de los impresos del último lote que alcanza mayor popularidad es la *Instrucción de sacerdotes, en que se le da doctrina muy importante para conocer la alteza del sagrado oficio sacerdotal y para egercitarse, debidamente, sacada toda de los santos Padres y Doctores de la Iglesia*, que redactó el padre Antonio de Molina, fraile de Burgos. Durante los siglos XVIII y XIX tiene la fortuna de diversas ediciones[55]. Con el objeto de ver con mayor propiedad el volumen del pecado cometido por Andrés de Tovar, de seguidas se examina el comentario sobre la castidad de los religiosos incluido en sus páginas.

---

55 Aquí se utiliza la edición de Madrid, Imprenta de José Collado, 1831.

Según Fray Antonio de Molina, la realización adecuada del culto cristiano guarda una relación ineludible con la limpieza de quien lo ejecuta. El origen de tal vínculo se encuentra en el ofrecimiento de los «panes de la proposición» hechos a Jehová por los oficiantes del Antiguo Testamento, quienes amasaban el alimento en una mesa de oro y después lo cocían en un horno igualmente fraguado en el precioso metal[56]. La preocupación por la calidad de los objetos en los cuales se preparaba la ofrenda, refleja la pureza con la cual distinguían al rito los pioneros en la adoración del Dios único.

Pero la pureza significaba para ellos castidad, aspecto que se recalca en la manera de vestirse los sacerdotes. Simbolizaban en los calzones de lino que portaban, su alejamiento de la inmunda carne.

> (...) en la ley vieja el sacerdote que había de ofrecer el sacrificio, entre todos los ornamentos que había de vestir, la primera cosa era *Foemoralia linea*, irnos calzones de lino blancos y limpios que le cubrieran desde la cintura hasta las rodillas; y asimismo se mandaba que el sacerdote no entrase al santuario sin lavarse primero el cuerpo y vestirse de ciertas vestiduras de lino blanco (...) Todos estos vestidos significan la limpieza y castidad, y por eso se advierte con tanta particularidad que sean todos de lino blanco que muy propiamente denotan la castidad. Porque para venir el lino a tener la blancura y limpieza que üene, cuesta mucho trabajo: primero lo siembran y lo cogen, lo secan y lo vuelven a mojar y secar muchas veces y después lo macean y golpean, lo rastrillan y lo hilan, lo tegen y lo curan al sol hasta que se pone blanco; y aun después de todas estas labores, para conservar aquella blancura y limpieza, es menester andar lavándolo siempre con legías, coladas y jabones[57].

En el trozo el fraile de Burgos estrena una parábola: la parábola de los calzones de lino. La tela que compendia aseo y blancura

---
56 Op. Cit., pp. 124-125.
57 *Ibidem*, pp. 125-126.

después de arduas faenas de artesanía, representa la castidad a la cual se llega luego de una fatigosa trayectoria.

El cuidado de las formas exteriores refleja la extrema severidad del propio Dios frente a la lascivia fomentada por los sacerdotes, o relacionada con ellos. El padre Molina desarrolla el argumento remontándose al *Levítico*, en el cual observa cómo:

> (...) mandaba [Dios] que si la hija del sacerdote estando en casa de su padre, incurriese en caso feo contra su honestidad, la quemasen viva (...) porque afeó y manchó el nombre y casa de su padre. Que siendo sacerdote es gravísima cualquier mancha deshonesta, no sólo en su persona, sino en cualquiera de su casa[58].

Por intermedio de *Sofonías* –*Sacerdotes ejus polluerunt sanctum*– y de Ezequiel –*Sacerdotes ejeus polluerunt Sanctuaria mea*– también se duele el Señor de los levitas que se acercan con suciedad, esto es, con lujuria, a los asuntos del culto[59]. De allí que la ley mandara a los sacerdotes antes de dirigir funciones en el templo, se abstuvieran de sus mujeres legítimas «porque no tuviesen ocasión de mancharse con alguna deshonestidad»[60].

Las palabras de San Pablo, citadas más adelante por la *Instrucción...* resumen la gravedad de la falta que cometen los curas aficionados a la concupiscencia:

> (...) huellan y acocean al hijo de Dios, porque lo desprecian y agravian como si le pasasen con los pies (...) manchan y ensucian la sangre del Nuevo Testamento, esto es, la sangre del mismo Jesucristo con que se habían de santificar: porque, aunque la sangre de Cristo en sí misma no puede recibir mancha o inmundicia, ellos la tratan como si fuera cosa sucia (...): desprecian y hacen injuria y contumelia al Espíritu

---

58 *Ibid.*, pp. 130-131.
59 *Ibid.*, p. 129.
60 *Ibid.*, p. 126.

Santo, porque impiden los efectos que había de obrar por el Santísimo Sacramento[61].

El apóstol confirma la tradición judía, hasta el punto de ver en la lujuria de los religiosos la mayor afrenta que se pueda cometer a Dios. La lujuria en ellos es un insulto a la divina majestad, un puntapié al sacrificio repetido en la misa. Pero es mucho peor: una obstrucción de las mercedes de la eucaristía. En lugar de puente adecuado para la transmisión de los favores celestiales, devienen sendero torcido que extravía el don de la gracia.

Por eso los padres y doctores de la iglesia, concluye la *Instrucción*…, entienden que en el escalafón de los pecados tienen mayor estatura aquellos cometidos por los sacerdotes. Así lo determina la autoridad de San Agustín, de San Gregorio y San Bernardo, quienes en su gradación de las manchas cometidas por los ministros del altar, a las cuales califican como «la afrenta más grande que se pueda hacer a la divinidad, mayor que otra cualesquiera», se ciñen a la revelación canónica. No hacen más que repetir la voz de Ezequiel, Malaquías e Isaías[62]; y el propio parecer de Jesús, quien demostró en diversos pasajes del Evangelio evidente y exclusivo favoritismo por la virtud de la virginidad[63].

El cura de Cúpira, pues, debe llevar calzones de lino indicativos de una intimidad que aborrece la carne. De lo contrario, ensucia al Dios de la iglesia reinante que lo introdujo en los misterios de la fe y lo hizo protagonista de la liturgia.

2. La desordenada comunicación

Según las noticias que recibe el tribunal eclesiástico en 9 de agosto de 1774, el bachiller don Andrés de Tovar no sigue la

---

61 *Ibid.*, p. 130.
62 *Ibid.*, pp. 182-187.
63 *Idem.*

Instrucción... de padre Molina. Al contrario, parece desconocerla olímpicamente. Pese a que ha recibido ya una amonestación del obispo Martí, quien, aparte de ordenarle enmienda y contención, le ha prohibido continuar en la administración del curato, de acuerdo con los rumores permanece al frente de su beneficio y «mantiene desordenada comunicación con una mujer casada»[64].

Como de las informaciones se desprenden dos pecados graves –falta pública al voto de castidad y desobediencia a la mitra– don Miguel Muñoz aguado, Vicario General, dispone provisiones de urgencia. El padre Francisco Rodríguez es el encargado de efectuar las provisiones. Debe trasladarse a Cúpira para asumir el gobierno de la parroquia, con el objeto de examinar el suceso a través de sumaria información «con el mayor sigilo»[65].

Antes de iniciar las pesquisas debe ver al acusado para trasmitirle una orden terminante:

> (...) en virtud de santa obediencia y so la pena de Excomunión ipso facto incurrenda le entregue la iglesia bajo inventario con todas sus alhajas y adornos y las respectibas licencias de decir misa, confesar y predicar (...) y que se presente de inmediato ante el Juez y vicario. O se procederá contra su persona y bienes con todo el rigor de justicia en caso de contrabención en el todo o parte de lo que viene mandado[66].

Pero la santa obediencia debe esperar. Después de un penoso viaje el comisionado busca al destinatario de la justicia episcopal, pero no lo encuentra. Andrés de Tovar ha escapado del pueblo. En consecuencia, no puede recibir de sus manos la iglesia parroquial, ni trasmitirle las órdenes del Vicario. Sin embargo, inicia de inmediato la averiguación sobre los hechos.

---

64 AAC, *Judiciales*, Legajo 82: «Autos criminales que se siguen contra el Br. Dn. Andrés de Tovar, cura del valle de Cúpira, sobre varios escándalos que cometió en dicho valle», fol. lv.
65 «Autos criminales..., fol. 2.
66 *Idem.*

Como la comisión consiste en recoger informes sobre la conducta de un colega cura, Rodríguez no atiende únicamente a la confidencialidad que exigen las Constituciones Sinodales. Hace una selección de los deponentes, procurando que declaren solo aquellos «(…) que se tengan por convenientes y sean más tímidos de su conciencia y celosos de la honra de Dios Ntro. Sor»[67].

Excluye de los interrogatorios a la «multitud promiscual» para extraer evidencias de los cristianos más conocidos, o de los más ajustados a la ley, o de los más ricos, o de quienes no han tenido enfrentamientos con el sospechoso. Es la senda más aconsejable para resguardar la reputación del orden sacerdotal, cuya protección garantiza más adelante la obligación del secreto ofrecido bajo solemne juramento. Antes de dictar la declaración, los testigos deben asegurar la reserva de cuanto digan frente a escribano bajo pena de excomunión reservada al Vicario, «en promesa por Dios Ntro. Sor. Y una señal de la Sta. Cruz hecha conforme de Derecho por anatema»[68].

Justificadas precauciones, debido a que abundan los pormenores escabrosos en el tránsito del bachiller Tovar. Así lo asegura don Pedro Pérez de Aguilera, dueño de haciendas, quien expresa ante el comisionado:

> Que sabe y le consta por haberlo visto varias vezes que el Br. Dn. Andrés Tovar, cura de esta Baile, vivía abandonada y escandalosamente con tal muger casada, que se la ha proferido asistiendo con ella cotidianamente, lo más del día y parte de la noche con tal mando en la dicha casa que por el escandalizava (…) y en una ocasión pasando el declarante por la casa de la tal y otra vez por la del referido Padre los vió (…) en ambas ocasiones sentados juntos en una hamaca y aun con algunas demostraciones indecentes[69].

---

67 «Auto del Lic. Francisco Rodríguez, Cúpira, agosto de 1774, *Autos Criminales*…, fol. 3.
68 *Idem*.
69 Interrogatorio de don Pedro Pérez de Aguilera, 20 de agosto de 1774, *Autos Criminales*…, fol. 5v.

El testimonio de don Francisco Cevallos Guerra, quien antes había ocupado el cargo de Teniente Justicia Mayor, va por el mismo camino.

> Frecuenta la casa de la muger tanto de dia como de noche, como lo vió el que se declara algunas noches Uendo de Ronda que pasaba por la tal casa, unas veces en chupa sentado en una amaca y otras con su balandrán en una silleta y que así mismo en algunas conversaciones dixo el dicho padre Cura al declarante, alabando y ponderando lo que estimaba a la tal con el nombre de comadre, que si a ella le dava otra enfermedad como una que ella avía pasado y el le avía asistido no sabría que hacerse y que por no verla enferma se tiraría si se ofreciera a la boca del río, y dexaría cuatro o cinco esclavos separados para que de once a once le comunicasen el como se hallaba, cuyas razones profería ante las personas que le acompañaban en la Ronda y con tal áfrico que luego que salían de allí los que le acompañaban iban hablando y notando del dho. Padre Tovar[70].

El hacendado y el antiguo funcionario no describen la vida de un ministro del altar. Narran las vicisitudes de un hombre enamorado que busca el calor de su mujer después de una jornada de trabajo. Cómodo de ropas sobre la silla del hogar, o proclive a las asiduidades del afecto doméstico junto a la hembra en la cercanía de una hamaca, el bachiller se comporta como cualquier feligrés recompensado por la dicha de un matrimonio feliz. Su alegría llega al extremo de divulgar cómo sería capaz de ofrendar la existencia por el bienestar de la amada. Pero al bachiller le está vedado este tipo de esparcimientos. Sus compromisos no son con una mujer, sino con la madre iglesia. Ni siquiera puede «escuderear» a las damas, de acuerdo con la ley canónica. En lugar de indumentaria de caballeros debe llevar la austeridad del hábito talar. No en balde se ha convertido en el centro de las murmuraciones pueblerinas.

---

70   Declaración de don Francisco Cevallos Guerra, vecino de Caracas y residente en el Valle, 22 de agosto de 1774, *Autos Criminales*…, fol. 12v.

Aunque existen otros motivos para provocar, no solo hablillas sino también franca indisposición entre la gente de Cúpira. Es lo que se desprende de la declaración de Juan Manuel Salgado, quien jura que don Andrés:

> (…) se valió del Sr. Teniente que a la sazón estaba recién venido a este empleo para que echase del pueblo a muchas personas, diciéndoles que estas querían mal a la comadre la tal muger casada, y que eran grandes perras, que no querían frequentar la casa de la comadre, la dcha muger casada, ni tener amistad con ella; y que esta tal muger luego que llegó dcho, Padre Tovar salió a la puerta de su casa y dixo que Dios le avía dado el gusto de ver a su compadre en el pueblo otra vez (…) que avía de hacerse echar de el a todos sus contrarios pues ya tenía a su compadre y al The. de su mano, como en efecto assí se experimentó, pues sin reparar en mugeres casadas ni hombres de honra por respetos de la dha. muger casada assí se executó; y que sabe asimismo que siempre y aun hasta aora se han mantenido en servicio de la tal muger casada dos esclavas que sabe el declarante son de las de la Hacienda de los Padres del referido Cura Tovar, las cuales sirven mucho para llevar recados desvergonzados a las casas de otras mugeres honradas, casadas y con notable escándalo de todos[71].

Otros deponentes, llamados Fernando Pérez de Aguilera y Antonio de los Reyes Bravo, ratifican la versión[72]. Por consiguiente, aumentan los aprietos del padre Tovar. No solo mantiene un amancebamiento público, situación reñida con el recato propio de su estado y con la obligación del buen ejemplo a la feligresía. Acaso vinculando su calidad de aristócrata con su posición sacerdotal, ha presionado a la autoridad civil hasta el punto de instaurar una especie de tiranía lugareña cuyo fundamento son los privilegios

---

71 Declaración de don Juan Manuel Salgado, vecino, 23 de agosto de 1774, *Autos criminales…*, fol. 15.
72 Declaración de don Fernando Pérez de Aguilera, vecino de Barcelona y residente en el valle, 23 de agosto de 1774. Declaración de don Antonio de los Reyes Bravo, vecino del valle, 23 de agosto de 1774, *Autos criminales…*, fols. 16-18.

que pretende para su querida. Por un lado traiciona su papel de levita, mas por el otro tiraniza a las ovejas.

Otras preocupantes acusaciones recoge el comisionado, relacionadas con la desatención del ministerio pío. Por su afición a las «diversiones» con la barragana, asegura un deponente, «(...) faltó el dho. Padre Cura varias vezes al cumplimiento de la Administración de los Santos Sacramentos, más bien a los enfermos que a los sanos y a otras cosas de su obligación»[73].

Don Andrés Urbano, vecino de Barcelona, le pidió el bautismo para «un mulatito», su esclavo, pero el sacerdote permaneció casi cuatro meses sin atender la solicitud «por estar tan divertido como estaba, en la casa de la tal mujer casada»[74], Cuando agonizaba Rosa Sifontes prefirió salir de paseo con su amante, sin dar la extremaunción a la moribunda[75]. Además, «(...) hacía muchas faltas a decir misa los días de trabajo y predicar el Santo Evangelio los días de fiesta, pues raras veces hacía estas dos cosas»[76].

De acuerdo con las reglas del Sínodo, el sacerdote se debe dedicar sin reposo a la atención de los fieles. No puede guardar pausa ante las necesidades espirituales y materiales de las personas adscritas a su jurisdicción. Debe repetir en cada parroquia la actitud servicial de los apóstoles, cuyo trabajo fue paradigma de una entrega tras la cual se encontraba la meta suprema de la redención. Bajo ningún respecto, según la mitra capitalina, se puede el cura excusar de un cúmulo de obligaciones cuyo cumplimiento garantiza la salvación del género humano, pero cuyo abandono puede traer calamidad de la condenación eterna[77]. El soslayar tales actividades, no por apatía, ni por descuido, sino por la fornicación, refleja la magnitud de la falta cometida por el beneficiado de Cúpira.

---

73 Interrogatorio de don Pedro Pérez de Aguilera, 20 de agosto de 1774, *Autos criminales...*, folio 5v.
74 Declaración de don Andrés Urbano, 22 de agosto de 1774, *Autos Criminales...*, folio 8.
75 Declaración de don Antonio Martínez, vecino de Barcelona residente en el valle de Cúpira, 22 de agosto de 1774, *Autos criminales...*, fol. 10.
76 Declaración de don Andrés Urbano..., fol. 8.
77 En el capítulo I se detallan estas obligaciones, de acuerdo con el sínodo caraqueño.

El delito es mayor, sin embargo, porque no se conforma con refocilarse con una mujer sellada por el sacramento del matrimonio con el cual la religión la ha atado de por vida a la monogamia, ni con cambiar el ejercicio pastoral por la lascivia. La devoción por el sexo ilícito lo ha conducido a hacer escarnio del templo, de los objetos sagrados y del culto propiamente dicho. Así por ejemplo, siete de los nueve testigos interrogados por el comisionado aseguran «(…) que la alfombra de la tal mujer se mantiene en la sacristía y que quando ella iba a Misa la sacaba y tendía en la Iglesia un criado del propio Padre Cura»[78].

Es evidente el perjuicio que sufren las convenciones sociales debido a la ocurrencia, pues en la colonia venezolana el sitio principal en las iglesias, con derecho a alfombra y a otras comodidades, está reservado a personas de linaje, o a funcionarios relevantes o a propietarios de antiguo establecimiento. El orden se subvierte cuando la manceba del cura ocupa el mismo lugar de los personajes encumbrados, cerca del altar mayor. Desde tiempo inmemorial las costumbres le han negado a sujetos como la comadre de Cúpira la patente para codearse con los «padres de familia». Por consiguiente, ella y el cura protagonizan una usurpación inadmisible para el establecimiento.

Desde el punto de vista de la justicia eclesiástica el encubrimiento es digno de primordial atención. No solo significa un trastorno de las maneras usuales de asistir a la misa, sino la exhibición del pecado ante el sacramento del altar. Revestido con los símbolos de su ministerio, Andrés de Tovar autoriza que la mujer quien con él resume el delito más estrambólito de la comarca presencie en plaza eminente, desde la holgura de un tapiz depositado especialmente para ella en un aposento relativo al culto, el sacrificio del Cordero. ¿Cabe mayor desvergüenza?

---

[78] *Autos criminales…*, fols. 7-12 v.

Cabe en esta historia hasta confines insólitos, si nos atenemos al parecer de los feligreses. Porque el desenfreno del acusado permite que la amante se adorne con alhajas de la iglesia y guarde la llave del sagrario:

> En poder de la tal mantenía una cadena de oro de la Iglesia que naturalmente la tal muger casada se aderezaba con ella (…) y guarda la tal muger casada en su casa la llave del sagrario porque así se lo dijo al declarante el Padre Dn. Jph. Dros, Clérigo Presbítero de Barcelona que quedó aquí como interinario[79].

La mayoría de las declaraciones coinciden en el punto: objetos destinados al culto, quizá al realce de las imágenes de los santos, se han mudado de uso para vincularse a asuntos pecaminosos. La cadena de oro que acaso hermoseaba el bulto del santo niño, o el vestido de la virgen dolorosa, se ha vuelto ornato de la mujer adúltera. Lo que fue creado para donaire del templo es ahora gracia de los relapsos más conocidos del contorno. La llave protectora del cofre en el cual está Jesús sacramentado, Dios presente en la tierra, no reposa en las manos ungidas del sacerdote sino en poder de una hembra descocada y lujuriosa. Ya el bachiller Andrés de Tovar ha juntado el amancebamiento con la profanación.

El cuadro se completa con una mezcolanza entre el renuente cumplimiento de la misión religiosa y la presencia de la amancebada en otras funciones íntimamente vinculadas a la iglesia, así espirituales como de administración. Es frecuente en Cúpira contemplar episodios como el que sigue:

> (…) cuando se ofrecía a administrar el Santo Sacramento de la Extrema unción salía a executarlo de la casa de la tal muger casada, y cuando se recogía de este exercicio bolvía a ella a guardar los Stos. óleos (…) y esta tal

---

[79] Declaración de don Andrés Urbano. Declaración de don Josef Antonio Martínez. *Autos Criminales…*, fols. 8-llv.

muger cuando el dicho padre Cura se fue para Caracas (...), que quedó el Padre dn Jph. Dros en el curato, le mandava a cobrar los Dros. de la Iglesia, assí de los Bautismos como todos los demás[80].

Ahora la casa de la delincuencia se hace iglesia parroquial, o sucursal de la iglesia parroquial, pues de su seno sale el sacerdote a confortar a los moribundos y a su seno regresa para guardar los óleos. Insólito depósito del sagrado crisma, porque en él reina una pecadora reincidente que, además, se toma la licencia de cobrar el dinero de los bautismos y otros beneficios del curato, como lo hace usualmente un sacerdote u otro clérigo autorizado. La imagen de una barragana vigilante del aceite consagrado y tesorera del templo debió resultar repulsiva a la contemplación de la justicia eclesiástica.

El 25 de agosto de 1774, el padre Francisco Rodríguez da por terminada la averiguación. La envía «sellada y lacrada» al Vicario General. Los documentos contienen pruebas suficientes para condenar al bachiller Tovar.

3. Recados políticos y venias de estilo

En la publicidad del amancebamiento reside la falta principal del sacerdote. Ya el vivir con hembra placentera significa una transgresión de los mandamientos de Dios, de la ley canónica y de la doctrina de los padres de la iglesia, pero machacar el desarreglo en presencia de una muchedumbre de creyentes le da una estatura gigantesca a su pecado[81]. Si en el caso de cualquier cristiano el mantenimiento de una mancebía es susceptible de provocar la condenación del vecindario, cuyos miembros pueden imitar el irregular estado, el asunto cobra otras proporciones cuando el protagonista es el cura de la parroquia.

---

80 Declaración de don Juan Manuel Salgado. *Autos criminales*..., fols. 14-14v.
81 En el capítulo «El silencio Perpetuo» se insiste sobre el tema de los escándalos públicos. En consecuencia, lo que allí se analiza ilustra en relación con el caso de Tovar.

Él está para ser ejemplar de pureza y pauta de contención, pero no para convertirse en el primer vicioso. Debe ser custodio de la más ortodoxa monogamia y verdugo de las uniones ilícitas. Debe vivir retirado del enemigo carne. Cuando divulga su «comunicación» con una mujer casada puede incitar a la fornicación colectiva, esto es, al pase directo de todo un pueblo a los infiernos.

Otro elemento abulta el delito: el exagerado desorden de la conducta sacerdotal. Tovar se ha desviado del único camino que puede transitar, el camino de la castidad, con notable abandono del apostolado y manifiesto irrespeto del culto. Además, en lugar de encarnar la mansedumbre ha mostrado una actitud prepotente ante sus hijos espirituales. Ha dejado de ser padre comprensivo para devenir opresor.

Debido a su pertenencia al sacerdocio y a su calidad de aristócrata, Andrés de Tovar y Bañes debe, por otra parte, múltiples servicios a la sociedad. De su ubicación en la cúpula se desprenden un conjunto de retribuciones hacia los sujetos menores de la provincia, quienes aguardan su guía con el objeto de librar el alma y vivir según principios de república. Las criaturas de Dios, los blancos de orilla, las castas y los colores, esperan de un religioso que es a la vez «padre de familia», la enseñanza de cómo quedar en buen gobierno y de cómo salvarse en la otra vida.

De lo expuesto se infieren los ahogos que experimentará el acusado en el tribunal eclesiástico, pero igualmente las posibilidades de salir airoso. A un mantuano ensotanado no le faltan ángeles de la guarda. Así es, en efecto. El Vicario General ordena la continuación del proceso en 25 de octubre de 1774, asistido por un inflexible fiscal de nombre Juan Rafael Rodríguez. Sin embargo, a poco se interpone un caballero rico y linajudo, don Martín de Tovar y Bañes, padre del amancebado.

Provisto de cumplido poder conforme a derecho, don Martín argumenta así ante la curia:

Debido a que en el dilatado tiempo de trece meses que falta a su curato, no se le ha hecho [al acusado] saber cosa alguna, por su propio honor para indemnizar cualesquiera calumnia que se le haiga puesto, suplico a V.S. se sirva mandar se me dé vista de cualesquiera causa que sean, para (…) practicar las diligencias que competan[82].

En la petición se maneja un elemento básico para la sociedad de entonces, especialmente para las personas nobles, o con aires de nobleza: el honor. Por el honor se pueden realizar fatigosos pleitos, o reclamos que terminan en duelo. En la época importa mucho el sentido de dignidad que se tiene de sí y la fama que la colectividad otorga a las personas. De allí que en ninguna pieza del expediente en curso se escriba el nombre de la adúltera de Cúpira. Es solo «la tal muger casada» o «la comadre», debido a que se debe ver por el honor del esposo. Las autoridades no pueden exhibirlo como un cornudo en documentos que han de pasar por muchos ojos y permanecer en archivo para la posteridad.

Pero el fiscal Rodríguez no está para cuidar la reputación de la gente principal, ni para tasar el precio que cada quien le pone a su prestigio, sino para castigar a los delincuentes. En consecuencia, remite el siguiente auto al Vicario General:

(…) en vista de la presente sumaria formada contra el B. Dn. Andrés Tovar y Bañes, cura propio del pueblo de Cúpira por los delitos de incontinencia escandalosa con adulterio, profanación de los bienes de su iglesia y negligencia en la administración de los Santos Sacramentos a sus parroquianos, hasta permitir muriesen sin ellos: y de lo pedido por don Martín de Tovar y Bañes, padre legítimo de aquel, dice: que respecto a que esta causa es por su naturaleza criminal, y exigitiva de la personal presencia del reo para juzgarlo, y sentenciarlo, por cuyo motivo no se puede contestar con Procurador: se ha de servir v.s. de negar la vista

---

82 Solicitud de don martín de Tovar y Bañes, apoderado de su hijo el Br. Don Andrés de Tovar y Bañes, Caracas, 22 de diciembre de 1774, *Autos Criminales…*, fol. 28.

que pide el expresado BachiUer en el lugar correspondiente, tomándole, luego que sea executada la prisión, la confesión necesaria según el mérito del sumario[83].

El Vicario acepta el escrito. Niega la solicitud de don Martín y hace circular una orden perentoria:

> Que dn. Andrés de Tovar se presente en la cárcel eclesiástica y guarde en ella carcelería en virtud de Santa Obediencia y so la pena de excomunión mayor *ipsofacto incurrenda* (…) y no lo haciendo será fixado en tablillas y se procederá contra su persona[84].

De nuevo la santa obediencia debe esperar. No habrá para el reo carcelería, ni la afrenta de ver su nombre en tablillas a la puerta de los templos para que los feligreses sepan que lo persigue la ley. Asistido por Cayetano Montenegro, abogado de la aristocracia, «hablando en judicial estilo» el bachiller utiliza un recurso de alzada. Entiende que le es gravosa la decisión del ordinario, en virtud de lo cual apela ante el Juez Metropolitano residente en la isla de Santo Domingo[85]. El fiscal desaprueba el arbitrio debido a que lo entiende como subterfugio «para la retardación del castigo que merece dicho reo»[86]. El Vicario General comparte la opinión, aunque considera la posibilidad de remitir el expediente «por el respeto debido a limo. Juez Metropolitano»[87]. Se abre así un breve lapso de cavilaciones.

Pero el 14 de enero de 1775 utiliza el acusado un recurso

---

83 Auto del Teniente fiscal de Obras Pías, Pbro. Juan Rafael Rodríguez, Al Sr. Provisor y Vicario General, Caracas, 12 de enero de 1775, *Autos Criminales*…, fol. 29.
84 Provisión del Sr. Juez y Vicario General, Caracas, 13 de enero de 1775, *Autos criminales*…, fol. 29v.
85 Representación del Br. Andrés de Tovar ante el Provisor y Vicario General, sif. *Autos criminales*…, fols. 13-31v.
86 Auto del Teniente Fiscal de Obras Pías al Sor. Provisor y Vicario General, Caracas, 14 de enero de 1775. *Autos criminales*…, fol. 32.
87 Documento de respuesta al Teniente Fiscal por el Sor. Provisor y Vicario General, Caracas, 14 de enero de 1775, *Autos criminales*…, fol. 32.

supremo: el Real Auxilio de la Fuerza. Escribe así al Gobernador y Capitán General:

> Como he apelado ante el Ilmo. Juez Metropolitano de Sto. Domingo y no se ha oydo de mi petitorio debo valer del Real Auxilio, en cuya atención, temeroso de la execución de aquella providencia en que peligra mi honor bastantemente oprimido con la suspensión que padezco sin conocimiento de causa, ni haber sido oydo ni vencido, acogiéndome al Real Patrocinio suplico a V.S. se sirva mandar que según la Real Cédula ordinaria de las fuerzas se le intime por primera carta al Señor Provisor y Vicario General para que sirviéndose sobreser en la causa me oyga el recurso interpuesto para ante el Señor Juez Metropolitano libremente (...) o remita los autos a la Real Audiencia del distrito[88].

No es inusual entonces que ante la supuesta denegación de justicia en el área específica del fuero, un sacerdote busque la protección de la potestad externa más alta: el rey o su representante inmediato. Los miembros de la iglesia están sujetos a la fiscalización exclusiva de la institución a que pertenecen, y los jerarcas no admiten, generalmente, la presencia de la autoridad civil sino en asuntos de jurisdicción mixta reconocidos en virtud del Regio Patronato. Pero un clérigo puede pedir la ayuda foránea en proceso exclusivos de la justicia religiosa, si argumenta que sus jueces naturales lo lesionan en pleitos que no son *mixti fiori*. En ocasiones la medida provoca un conflicto de competencias, pero ahora no ocurren trifulcas entre la autoridad civil y la autoridad religiosa. El Gobernador y Capitán General don Josef Carlos Agüero, caballero de la Orden de Santiago, maneja con prudencia la situación.

Ajustándose al ceremonial, en lugar de enviar la carta según sugiere la solicitud del bachiller, ordena a uno de sus oficiales,

---
[88] Petición ante el Gobernador y Capitán General, s/f. *Autos criminales...*, fols. 64-66.

«procedido el recado político y venias de estilo», le suplique licencia para ver personalmente al Vicario en el palacio de su habitación. Los personajes se entrevistan, mientras esperan fuera del despacho dos oficiales de la gobernación y dos canónigos, en cortés antesala[89]. Al día siguiente, 16 de enero de 1775, «precedido de recado político y venias de estilo, en obediencia con el respeto debido a la Real Cédula de provisión ordinaria de las fuerzas», el Vicario remite al Gobernador el expediente del caso para que se sirva trasladarlo a la Audiencia y Cancillería de Santo Domingo[90]. Todo por el honor mancillado del bachiller Tovar y Bañes.

Llama la atención el que se muevan tantos resortes, circulen tantas venias y dialoguen sujetos tan prominentes en relación con el caso de un párroco de pueblo, en especial cuando se le acusa de protuberantes transgresiones ante las cuales resulta trabajoso hablar del honor mancillado. Solo la ubicación del acusado dentro del marco de la aristocracia criolla permite comprender el juego de las influencias. Porque, de acuerdo con el expediente, a Andrés de Tovar no lo distinguieron antes las virtudes heroicas, ni la calificación en su carrera de seminarista, ni los lauros de la Universidad Real y Pontificia, ni servicios especiales a la diócesis. Solo es un joven bachiller que obtuvo el lejano beneficio de Cúpira. En consecuencia, los miramientos se deben atribuir a su calidad de blanco criollo ubicado en el elenco del mantuanaje.

No anda descaminado quien trate de comprender el desenlace del entuerto buscando motivos en el mismo rincón. Veamos qué pasa de seguidas. Después de obtener el real auxilio, Tovar hace una nueva petición ante el Vicario. Dice:

---

89 Intimación por primera carta al Sr. Provisor y Vicario General, Caracas, 14 de enero de 1775, *Autos criminales...*, fol. 66v.
90 Auto del Sor. Provisor y Vicario General al Gobernador y Capitán General, Caracas, 16 de enero de 1775, *Autos Criminales...*, fols. 67-67 v.

Como pretexté valer del Real Auxilio de las Fuerzas, como lo hize y en cuya virtud se me oyó libremente la apelación: y por quanto yo deseo seguir por mi misma persona este recurso de apelación presentándome con los Autos al Superior Tribunal de s a. que reside en la Isla Española de Santo Domingo suplico rendidamente a V.S. se digne concederme su licencia a fin de pasar a dha. Isla a seguir personalmente el predicho recurso, mandando para esto se me despachen las correspondientes letras para con ellas poderme presentar en aquel Superior Tribunal[91].

Buenos doblones ha de tener para el viaje, pero no buenas razones, según se desprende de un enfático documento que remite el Fiscal al Vicario sobre el particular. En él desarrolla tres argumentos contra la petición. El primero descubre una trampa del peticionario: «(...) es absolutamente falso que v.s. le huviese otorgado libremente el Recurso de Apelación; antes por el contrario se lo denegó y solo se le otorgó por intervención del Real auxilio»[92].

El segundo refuta la necesidad del viaje en atención a los usos habituales en un tribunal de alzada:

(...) en semejantes recursos no se admiten, ni se deben admitir a las partes Defensas, alegaciones ni otra demostración que gire a indemnizarse de algún cargo en el aquel Superior Tribunal, en que los Señores Oydores sumarissimamente sin estrépito, sin contienda y sólo oydo al señor Fiscal, conocen si los Sres. Jueces Eclesiásticos hacen, o no, fuerza en negar la apelación[93].

Se refiere el otro a los probables desmanes del solicitante: «(...) sería ociosa la partida, y sólo produciría los detestables

---

91 Solicitud de don Andrés de Tovar y Bañes ante el Sr. Provisor y Vicario General, Caracas, s/f. *Autos criminales...*, fol. 71.
92 Informe del Fiscal de Obras Pías sobre la petición del Br. Andrés de Tovar, Caracas, 13 de febrero de 1775, *Autos criminales...*, fol. 71v.
93 *Ibidem*, fol. 72v.

efectos de brindar a este Presbítero nuevas ocasiones de darse el ocio y holgazanería»[94].

Ante estas razones el Vicario niega la petición. Prohibe a Tovar el viaje a Santo Domingo y le da la ciudad por cárcel[95]. No obstante, según avisa el Fiscal en 23 de mayo de 1775, el reo toma las de Villadiego:

> (…) atrepellando las prohibiciones que (…) le hizo V.S. para que no se ausentase de esta ciudad, lo ha ejecutado, dirigiendo el rumbo de su fuga, según se tiene entendido, para la Provincia de Cumaná para de allí adelantarse hasta la Isla de Santo Domingo, u otra de las más próximas a este Continente. Y por quanto con esta transgresión acrimina más sus delitos, y se hace acreedor a mayor castigo, se ha de servir V.S. mandar librar cartas requisitorias, dirigidas así a la Prova. de Cumaná, como a las de Sto. Domingo y Puerto Rico a fin de que los Sres. Ordinarios Eclesiásticos de ellas, o quienes ellos destinaren, se sirvan mandar asegurar su persona, y con la custodia necesaria remitirla a este Tribunal embargándole cualesquiera bienes, que consigo llevase y haciendo de ellos igual remisión, por ser así conforme a justicia[96].

Ahora el bachiller es un prófugo. El Vicario ordena su captura, así como el embargo de las propiedades que pueda tener en Caracas y en Cúpira. De inmediato notifica a don Martín de Tovar la situación, para que colabore en el inventario de las posesiones sujetas a control del tribunal. Sin embargo, las piezas del expediente no demuestran mayores movimientos en la misma dirección. En realidad no se hace lo que pide el fiscal «conforme a justicia». El proceso se paraliza hasta el 5 de setiembre de 1775, cuando regresa sorpresivamente el acusado a acogerse al perdón de la iglesia.

---

94   *Idem.*
95   Mandato del Sor. Provisor y Vicario General, s/f. *Autos criminales…*, fol. 72.
96   Oficio del Teniente Fiscal y Defensor de Obras Pías al Spr. Juez Provisor y vicario General, Caracas, 23 de mayo de 1775, *Autos Criminales…*, fols. 74-74v.

Muestra ahora el pecador, según dice el Vicario, dos detalles que mueven el corazón. Por un lado: «(…) la humildad con que se ha presentado confesando sus culpas e implorando la clemencia del Tribunal»[97]. Y por el otro: «(…) el Patrocinio y favor del Sor. Licdo. dn. Pheliphe Tires Palacios, Prevendado de la Santa Iglesia Metropolitana de Santo Domingo»[98].

Si hemos de creer al Vicario, en menos de cuatro meses se ha operado una transformación en el ánimo del bachiller Tovar. A lo mejor la huida a Santo Domingo fue su camino de Damasco. Ahora regresa contristado a implorar la misericordia del ordinario. Quizá pensó durante la fuga en la dimensión de su descarrío, después de un arduo examen de conciencia. Dentro de la tradición de piedad que pregona el Evangelio, la iglesia tiene la obligación de recibir al hijo pródigo. Más aún, se debe regocijar porque una criatura torcida vuelve al cauce. Ya no importa el descarado episodio de la alfombra de la barragana guardada en la sacristía, ni la confusión que existió en Cúpira entre las alhajas de la parroquia y los adornos de la querida del cura, ni las presiones ejercidas contra los lugareños, ni el comercio sexual sin ocultamiento, ni que los cristianos hubieran muerto sin ayuda sacramental. El antiguo ímpetu del cura se ha convertido en suavidad y compunción.

Por consiguiente, el Vicario resuelve que:

> Deve suspender por ahora, como suspendía y suspendió la prosecución de esta causa, dejando como dejaba y dejó apercibido a dicho dn. Andrés de Tovar para en caso de su reincidencia proseguirla, y mandar como mandava y mandó que se tasen las costas y las pague[99].

---

[97] Provisión del Juez Provisor y Vicario General, Caracas, 5 de septiembre de 1775, *Autos criminales*, fol. 76v.
[98] *Idem*.
[99] *Ibidem*, fol. 77 v.

Nadie puede negar que haya ocurrido el cambio en la actitud del delincuente, ni dudar, por lo tanto, de la sensatez de la decisión vicarial. Especialmente cuando prevalece la cautela en los autos, que esperan el futuro para determinar la conclusión del caso. Hasta el fiscal, cuyo empeño en la persecución del pecador ha sido pertinaz, guarda silencio. Pero nadie puede discutir, tampoco, que hayan orientado la benignidad del tribunal las letras remitidas por un dignatario de la catedral metropolitana. El reo no se apoya en cualquier muleta para hacer el sendero de la atrición, sino en el cayado del Gobernador Eclesiástico de una de las jurisdicciones más antiguas e influyentes de América. Un prebendado noble cuyo apellido, Trespalacios, resume la más azul de las sangres regadas en el Caribe, patrocina el arrepentimiento de un sacerdote cuyo apellido ha reinado desde las alturas en Venezuela a partir de 1640.

El expediente no se clausura con la inclusión de las recomendaciones del prominente valedor, sino con un documento que recuerda los empeños puestos al principio para sancionar un caso de «incontinencia escandalosa». El padre Francisco Rodríguez, comisionado en agosto de 1774 para recoger la información sumaria sobre el delito, reclama lo que en justicia se le debe. Veamos cómo expone su asunto al Vicario el 19 de setiembre de 1776:

> En virtud de despacho de 9 de agosto de 1774, salí de esta ciudad para el valle de Cúpira a evaquar cierta sumaria contra el Pbro. Dn. Andrés de Tovar, cura de él; con efecto practiqué dicha diligencia gastando en la ida cinco días bien tomados, costeándome de muía de silla, otra de carga, Paje y muía de este, con más los gastos que se me causaron en el paso de las tres considerables bocas de Rio que hay en este camino, a saber, la del Rio Tuy, Tacarigua y Páparo, pagando en cada una de ellas un peso del canoero y peones, y después de estar en aquel Valle consumí ocho días en evaquar las diligencias de mi comisión, las que evaquadas que fueron remití a este Tribunal con un propio a quien pagué diez por su viaje que

es el regular precio: haviendo ocurrido ahora al Notario encargado de recaudar mis legítimos dros..., me encuentro con ochenta que es lo que ha tasado el tasador gral[100].

Pide la revisión de las cuentas, desde luego. Francisco Rodríguez, sacerdote oscuro al servico de la curia, es el único que sale mal parado en el episodio después de pasar el trago de presentarse al lugar de los hechos a recoger las huellas de un pecado mortal. Luego de dos años de litigio le escamotean los gastos acarreados por su comisión. Pero Francisco Rodríguez no aparece en esta historia a título personal, sino como adelantado de la justicia eclesiástica. Él mismo es la justicia eclesiástica que viaja en muías de silla y de carga para perseguir a un relapso, que contrata sirvientes y supera la corriente de tres ríos –el Tuy, el Tacarigua y el Páparo– con el objeto de castigar a un cura lujurioso. Está visto cómo el itinerario no solo sufrió la incomodidad de los accidentes geográficos.

---

100 Solicitud de don Francisco Rodríguez, Presbítero de este domicilio, ante el Juez Provisor y Vicario, Caracas, 19 de septiembre de 1776. *Autos criminales...*, fol. 78.

III. El solicitador de mujeres

EN LA VISITA PASTORAL QUE REALIZA en el pueblo de San Mateo, el obispo Diego Antonio Diez Madroñera se topa con un delito de envergadura. Transcurre marzo de 1765 cuando algunos fieles, acicateados por la presencia de la autoridad más elevada de la diócesis, quieren quitarse un peso de encima a través de la denuncia de un «gravísimo escándalo». Así demuestran su caridad, según afirman los predicadores, evitando que aumente el padrón de los habitantes del infierno; y escapan del trance de convertirse en secuaces del príncipe de las tinieblas, cuyas manos siempre están mezcladas en la violación del decálogo[101]. Por consiguiente, los mejores cristianos corren a notificar la transgresión.

A algunos no los mueve únicamente la virtud, sino también el perjuicio que en ellos provoca el asunto susceptible de castigo. Egoístas motivos, pues, los hacen comparecer ante la justicia eclesiástica. Pero actúan con valentía. Primero, porque el obispo no se anda por las ramas a la hora de meter en cintura a los pecadores. Todo el mundo sabe en la provincia cómo es capaz de castigar con vigor a los bailarines voluptuosos, de disciplinar a los frailes, de prohibir el carnaval y de fulminar a los relapsos. Se han acercado los denunciantes a un terrible juez. Segundo, porque el hombre a quien acusan no es un vecino cualquiera. Los movimientos se dirigen con el propietario más opulento de la región, un aristócrata

---

101 Sobre la trascendencia y el aparato de las visitas pastorales, ver Capítulo I.

de raíz esclarecida que, aparte de exhibir irascible genio, ostenta el cargo de Teniente Justicia Mayor: don Juan Vicente Bolívar. Se han buscado los denunciantes un terrible enemigo.

Le achacan unos crímenes que deben conmover al prelado: intento de violación, concubinatos públicos con niñas indias que vivían en la doctrina bajo el cuidado del cura, y comercio sexual frecuente con mujeres casadas y con esclavas. Además, los feligreses no solo llaman la atención sobre su promiscuidad. Delatan los torcidos medios que maneja para lograr el favor de las víctimas: halagos, vanas promesas, amenazas y utilización de celestinas. Un repertorio de maldades pasa frente a los ojos de Diez Madroñero, quien, aparte de ordenar una averiguación sumaria bajo su inmediata dirección, quizá tenga presente desde la apertura de los autos el historial del personaje.

El obispo conoce personalmente al teniente desde hace tres años, por lo menos, pues entonces debió reconvenirlo por una relación ilícita con una negra[102]. Acaso sabe cómo sus orígenes en la provincia se remontan a las postrimerías del siglo XVI, cuando los antepasados provenientes de hidalgo sitio en Vizcaya participan en el proceso de creación y gobierno de diversas poblaciones[103]. Dos diligentes pioneros, Simón Bolívar «el viejo» y su hijo, Simón Bolívar «el mozo», ocupan cargos administrativos al lado de los primeros capitanes españoles. Así mismo, obtienen mercedes de tierras y vasallaje en las cuales se asienta una cuantiosa heredad. «El viejo» llega a representar a las ciudades de la provincia ante la corte de Madrid, cuyos despachos visita con el objeto de solicitar mayor autonomía frente a la Audiencia de Santo Domingo[104]. Oportunos nexos matrimoniales vinculan a su parentela con la estirpe de los conquistadores. Los vástagos casan con familiares de Garci González Silva, adalid en el exterminio de las tribus

---

102 Más adelante se volverá sobre el punto.
103 Indalecio Liévano Aguirre (1974), pp. 10 ss.
104 Augusto Mijares (1964), p. 3.

indígenas; del fundador de Caracas, Losada, y de Juan de Villegas, tres veces gobernador de la jurisdicción[105]. En adelante ocupa la familia sillones en el ayuntamiento y cargos en la gobernación.

Además, ejerce papel de entidad en el proceso de creación y distribución de la riqueza local. Posee mansiones y solares en la ciudad, fértiles haciendas de cacao, minas de oro, rebaños de animales, criados y numerosa esclavitud. Tales son las credenciales que animan a uno de los miembros más distinguidos de la casa, Juan de Bolívar, a gestionar en 1737 la adquisición de un título nobiliario. Se trata del Marquesado de San Luis que Felipe V ha cedido para su comercio a los frailes de San Benito[106]. Los trámites no llegan a buen puerto, pero el apellido continúa en la cúspide debido a su antigüedad y a su fortuna.

Dos cadenas obligan al buen comportamiento, en el caso de don Juan Vicente. Ocupa el sitial más elevado dentro del seno de los «padres de familia» por la remotidad de su procedencia y por el volumen de su riqueza. Es el prototipo del caballero mantuano, esto es, figura visible entre los miembros del estamento cuya obligación es la vigilancia del orden entre el conglomerado de empleados, sirvientes peones y esclavos que permanecen bajo su tutela en una parcela del imperio[107]. Y forma parte del régimen provincial en un cargo de responsabilidad próximo al gobernador. Debe ser, por lo tanto, modelo de equidad y escudo de los súbditos del rey. Sin embargo, según los preceptos divinos y profanos, mas también de acuerdo con los patrones que rigen la vida de un gentilhombre, el fardo de los pecados lo coloca al margen de la ley.

---

105 *Idem.*
106 Indalecio Liévano Aguirre (1974), pp. 4-8.
107 Sobre este punto también se insiste en el estudio del caso de Andrés de Tovar y Bañes.

1. Los estragos de la lujuria

De cómo falta gravemente al establecimiento dan cuenta las *Siete Partidas* del Rey Sabio, cuyo título XIX pondera a la castidad como calidad amada por el creador y susceptible del mayor acatamiento: «Ca según dixeron los sabios antiguos, tan noble y tan poderosa es la su bondad, que ella sola cumple para presentar las ánimas de los ornes, e de las mugeres castas ante dios (...)»[108].

De la trascendencia de la castidad colige don Alfonso la maldad de los hombres que atentan contra ella, especialmente si persiguen con lujuria a las mujeres que viven «en buen estado». Según la Ley I:

> (...) hacen gran maldad aquellos que sonsacan con engaño o halago, o de otra manera las mugeres vírgines, o las biudas que son de buena fama, e las que biven honestamente (...) e non se puede escusar que el que yoguiere con alguna muger destas que non hizo muy gran yerro, maguer diga que lo hizo con su placer della, non le haziendo fuerca. Ca segund dizen los sabios antiguos, como en manera de fuerca es sonsacar, e halagar las mugeres sobredichas con prometimientos vanos, haziéndoles hazer maldad de sus cuerpos, e aquellos que traen esta manera más yerran, que si lo hiziecen por fuerca[109].

Cualquier subterfugio está vedado en la búsqueda de la mujer que se considera honesta, de acuerdo con las *Partidas*. Sin embargo, la doctrina de universal aceptación no prohibe solo la relación por motivos carnales con hembras de «buen estado», sino con todo tipo de mujeres, a menos que medie la unión sacramental. Todos los actos de lujuria son ilícitos y, por consiguiente, todos los lujuriosos delinquen.

---

[108] *Las Siete Partidas del sabio rey don Alfonso el nono*, Partida VII, título XIX.
[109] *Ibidem*, Ley I.

A partir de la predicación de San Pablo brota un papelerío contra la lujuria, escrito por los padres y doctores de la iglesia. Redacciones de orientación teológica, pensamientos afincados en la revelación y en los edictos de los primeros pontífices fulminan todos los costados del mal carnal. Son el fundamento para obritas de menor profundidad que circulan con el mismo cometido en los dominios del rey católico, pero destinadas al entendimiento de los vasallos menos cultivados. Ahora se verán ciertos fragmentos de una de ellas, *Estragos de la lujuria y sus remedios conforme a las divinas escrituras y Santos Padres de la Iglesia*, producida por fray Antonio Arbiol, misionero que llega a ser calificador del Santo Oficio y obispo electo de Ciudad Rodrigo. Impresa en Sevilla en 1726[110], debido a la sencillez de su mensaje tiene más tarde nuevas ediciones dirigidas a un público masivo. De sus páginas surge un enfático ataque contra la fornicación, que incumbe al caballero a quien ahora se acusa en el pueblo venezolano de San Mateo.

La primera arma utilizada por Arbiol para catalogar a la lujuria como pravedad capital es la palabra de San Antonio, quien escribió unos *Versus de Luxurie efectibus* capaces de desanimar al más tesonero perseguidor de mujeres. El fraile coloca los versos en el pórtico del libro, como oportuno aperitivo. Son éstos:

> He aquí la lujuria fea, los daños mil que acarrea:
> Ensucia, enreda, embezca, declara guerra;
> Condena, mata, del cielo las puertas cierra;
> La mente abrasa, las virtudes extermina;
> Todo bien roba, a mentir la boca inclina;
> Nunca se sacia, en servidumbre perece;
> La vuelta impide, el corazón endurece;
> A la luz odia, o las tinieblas allega;
> La Mesa quita sagrada, la razón ciega;

---

110 Aquí se utiliza una edición de 1834, conservada en la Colección Especial de El Colegio de México.

> Su cuerpo ultraja, deja a Dios, al ocio quiere;
> Al diablo alegra, es bocado que el prefiere;
> A la fe ofusca, la doctrina oye sin finito;
> Dementa al sabio, al hombre truécalo en bruto;
> A todo mal arremete, y el buen nombre compromete[111].

Quizá intuya el autor cómo el intento de versificación atribuido al santo casamentero, pese a su recortada inspiración es demasiado literario, demasiado proclive a metáforas de difícil entendimiento para los rústicos amenazados por la carne. En consecuencia, más adelante describe sin miramientos la desolación que produce la lujuria en el cuerpo de los hombres. Va al grano con aterradores detalles:

> (…) la carne enflaquece, el color cambia, el semblante queda habitualmente pálido, un círculo plomizo bordea el párpado inferior; la mirada pierde su expresión y reviste a menudo un carácter sensible de languidez, de inmovilidad y estupor; las digestiones acaban por desarreglarse; la apetencia disminuye; el trabajo digestivo es lento, penoso, con alternativas de constipación, de diarreas y de cólicos. Las fuerzas, agotadas por una parte y por otra mal reparadas, no pueden sostenerse; el ejercicio tan natural y apetecido de los jóvenes, se hace menos fácil y atractivo; (…) El carácter va también cambiando: tórnase desigual, triste, irritable, fastidioso, tímido, vergonzoso, sombrío y pusilánime; las facultades intelectuales, y en particular la atención, la memoria y la imaginación, padecen considerablemente, debilitándose o depravándose del mismo modo las morales y las afectivas[112].

El expediente que ahora se analiza no demuestra la presencia de trastornos como los descritos en la humanidad del acusado. Al contrario, lo exhibe con una salud de roble. Pero ante la autoridad

---
111 Antonio Arbiol (1897), p. 18.
112 *Ibidem*, pp. 131-132.

del varón de Padua y del misionero de Sevilla, la aislada evidencia carece seguramente de peso.

Más aun cuando las perturbaciones obedecen a una causa medular que Santo Tomás expone en otro lugar del libro, a la hora de definir el crimen. De acuerdo con el Angélico: «Consiste [la lujuria] en un efecto desordenado de cosas impuras, torpes, venéreas y libidinosas, el cual no obedece a la razón sino al propio gusto desordenado de la criatura terrena»[113].

Si se considera que la vida de los hombres debe responder, según la ortodoxia, a un concierto establecido por la providencia, a una simetría dispuesta por Dios[114], se puede calibrar con propiedad el grado de peligro implícito en la concupiscencia. Significa el reemplazo de la cordura que obligatoriamente debe distinguir a los individuos, por un impulso propio de los animales. Traduce el predominio de la pasión sobre la razón, contra el cual ha hablado el propio Creador desde el tiempo de Moisés y cuya privanza condena la nueva ley del Evangelio. Es, en suma, para Santo Tomás y para las demás fuentes clásicas de la iglesia, desarreglo, trastorno, desconcierto, enloquecimiento: lo más antagónico al plan simétrico e itinerante que pregona el magisterio católico.

A través de otro camino se ratifica el grado de trastorno que significa la lujuria: mediante la estatura de su castigo en la otra vida, el cual según San Agustín, será mayor que el de los otros pecados[115]. El padre Arbiol describe en el tono más patético los tormentos que esperan a los fornicadores en el averno. Se trata de una tortura realmente atroz:

> Teman los sensuales que así como delinquieron con sus cinco sentidos y con todo su cuerpo, así serán abrasados en todo su cuerpo y penados en todos sus cinco sentidos con las horrorosas y eternas penas del infierno.

---

113 *Ibid.*, p. 21.
114 Para este punto ver: José Gaos (1973), Lecciones 3-7.
115 Antonio Arbiol (1834), p. 87.

> Los ojos torpes serán atormentados con horrendas visiones; los oídos obscenos con aullidos inmensos, gritos, maldiciones, contumelias, desprecios y oprobios sempiternos; la boca y la lengua (...) tendrán, como dice un Profeta, las amargas bebidas de hiél de dragones y veneno de los áspides insaciables (Deut. XXXII; 33); el olfato padecerá olor insoportable, y el tacto, que se extiende por todo el cuerpo, será castigado en aquellos estaques de ardiente azufre donde serán arrojados por los demonios, como lo dice San Juan Evangelista (Apocalipsis, XX)[116].

Precisamente para evitar tal desembocadura actúa con rigor en esta vida la justicia eclesiástica. Castigos como la excomunión, la cárcel y el potro de torturas son una alternativa de corrección capaz de evitar mayores y eternas mortificaciones.

Aunque no necesita el cristiano esperar la disciplina del verdugo de la curia. Él mismo puede evitar las calamidades, alejándose de la criatura causante de su mal: «Guárdate de la mujer inquieta y lujuriosa; porque te engañará con sus halagos venenosos y te perderá. Con sus palabras dulces te llevará encantado, y con sus profanos adornos enredará tu alma»[117].

Para el padre Arbiol, las mujeres son el elemento más pernicioso del universo. Las juzga «más amargas que la muerte»[118], «ruina del pueblo cristiano»[119] y «cazadoras que arman lazos y grillos para coger a los hombres»[120]. Su peligrosidad estriba en lo expedito del sendero que tiene para hacerse de la presa. Gozan de libertad con el objeto de provocar el pecado.

> Vemos a cada paso por las calles a las mujeres torpes y desenvueltas escandalosamente arruinando (...) estas malditas y diabólicas mujeres, con

---

116 *Ibid.*, p. 87.
117 *Ibid.*, p. 36.
118 *Idem.*
119 *Ibidem*, pp. 39-41.
120 *Idem.*

sus colas y calzados levantados, y adornos escandalosos, arrebatan para el infierno a innumerables hombres. Con la provocativa desnudez del seno, mostrando la cerviz, garganta, hombro y brazos, se hacen maestras de torpeza y de lascivia (...) el pie sacado, resaltadas las formas y enhiesta la cabeza, parecen culebras venenosas[121].

De allí que San Efrén en sus sermones, según nuestro autor, las considere «naufragio en tierra firme, negocio del diablo, tesoro de inmundicia, horno encendido, hospedaje de lascivia y oficina de los demonios»[122].

Tan abominables engendros han causado catástrofes que comprueban la experiencia sobre sucesos políticos indiscutibles, concluye Arbiol. Así, por ejemplo:

> Más de setecientos años fue España oprimida de los moros y sarracenos; y esto se originó, dice el docto Mariana, por haber visto el rey D. Rodrigo a Florinda, hija del Conde D. Julián, desde un balcón de su real palacio en su jardín, desabrochado el pecho. Con este motivo se cometió el torpe delito que fue la causa de la perdición de esa católica monarquía[123].

Cita también un estrambótico caso referido a la historia de Alemania. Es el siguiente:

> Ciento y setenta años antes que entrase en Alemania la herejía del maldito Lutero, se lo profetizó el iluminado doctor Juan Taulero, como se refiere en su maravillosa vida, donde se dice que la causa principal de tan horrendos castigos espirituales fue la torpe desnudez de las mujeres profanas[124].

---

121 *Idem.*
122 *Ibid.*, pp. 184-185.
123 *Ibid.*, pp. 53-54.
124 *Ibid.*, p. 53.

El sexo femenino no solo conduce hombres a carretadas hacia las candelas del infierno, sino que también es responsable, entre otras cosas, de fenómenos como el califato de Córdoba y el cisma protestante. En consecuencia, ante su proximidad el cristiano tiene la obligación de reprimir el deseo de la carne a través de «la guarda de los sentidos» y, en caso de necesidad, mediante la mortificación del cuerpo: «Al siervo malévolo, tortura y grillos», lee Arbiol en Eclesiastés[125]. La postura en este sentido debe llegar al extremo de evitar el simple rozamiento de ropas con la hembra: «San Agustín advierte que si el ánimo del hombre está manchado con la sensualidad, aun el contacto de las vestiduras de persona del otro sexo, es pecaminoso»[126].

No toda la literatura religiosa llega al colmo de la misoginia pregonada por el padre Arbiol. Existen en sus filas algunos ditirambos de doncellas honestas, de compañeras afectuosas y mancebas alegres que facilitan el tránsito de los varones en este valle de lágrimas. Pero lo usual en los sermones pueblerinos y en los textos de tráfico grueso, como el que nos ocupa, es la rotunda negación de las virtudes de Eva. El punto de vista conduce a la censura de los hombres que disfrutan la «inmundicia» ofrecida por ella y a la persecución de aquellos que atentan contra el elenco de las castas. Son ambos susceptibles del rigor de la iglesia.

En todo caso, el temor a la sinrazón de la lujuria es una constante en las obras más influyentes de la cultura hispánica. Aun las producciones más cargadas de mundanidad la reflejan. Así, por ejemplo, un libro famoso que en cierta manera se relaciona con nuestro personaje venezolano, debido a que él es o pretende ser un gentil hombre o se le tiene por tal: *El Cortesano*, que publica Baldassare Castigione en 1534 bajo el cobijo del católico emperador. Pese a que es un repertorio de refinamientos y cortesías ajustado a la vida de la nobleza, no deja de ponderar a la

---

125 *Ibid.*, pp. 211-212.
126 *Ibid.*, p. 31.

continencia producida por la cordura como cualidad primordial de los caballeros.

De allí que el Manífico Julián exprese en su Libro Cuarto: «(…) mi opinión es que aquella virtud, la cual habiendo discordia entre la razón y el apetito, pelea y hace quedar la razón vencedora, debe ser tenida por más perfecta (…)»[127].

Miser Petro Bembo alude igualmente al pugilato entre la razón y la incontinencia, capaz de abrumar a los hombres del príncipe:

> (…) cierto es que los incontinentes tienen el juicio sano, y ven lo que es razón y saben que aquello a que los inclina el ruin deseo es malo, y por esto resisten y ponen la razón por defensa contra el apetito; y de aquí nace la pelea del deleite y del dolor contra el juicio, hasta que, en fin, la razón vencida del apetito, que en aquel caso es más poderoso se dexa caer y se desampara, como nao que un largo rato se defiende de la tempestad fuerte; pero al cabo, combatida del furioso ímpetu de los vientos (…) se dexa llevar y correr su fortuna sin aprovecharse de gobernalle, ni brúxola (…)[128]

Por eso se insiste en el aposento palaciego en el cual Castiglione congrega a los nobles para aprender lecciones de cortesanía, sobre la necesidad de la temperancia. Es la temperancia la cualidad que permite al cortesano ser «hombre de bien y limpio en sus costumbres»[129].

Un «hombre de bien y limpio en sus costumbres «asegura el Manífico en el Libro Tercero, no demuestra el trastorno de la sensualidad, aunque lo tenga. Apenas hace movimientos sutiles en procura de la dama sin violencia ni aparato, con el objeto de parecer temperante. La argucia no pretende engañar a los demás, sino

---

[127] Baldassare Castiglioni (1942), Libro Cuarto, Capítulo II, p. 331.
[128] *Ibidem*, pp. 329-330.
[129] *Ibid.*, Libro Primero, Capítulo IX, p. 83.

guardar el honor que sufre afrentas cuando un caballero se conduce como los irracionales[130].

En el fondo solo se busca aquí disfrazar con las minucias de la galantería el horror que los hombres de alcurnia deben sentir frente a las cosas «impuras, torpes, venéreas» referidas ahora por Santo Tomás a través del padre Arbiol y que tanto preocupan a la monarquía desde el reinado de Alfonso X. Tales aspectos se consideran ingredientes «sucios» del contacto sexual al cual se llega por el desarreglo de la concupiscencia. Por eso los oculta el manual de los cortesanos y los reprimen las leyes del imperio y de la iglesia. A los tres códigos parece faltar el Teniente Justicia Mayor de San Mateo.

2. El estrecho en que las puso

Un retorcimiento de huesos hubiera provocado en las tumbas del rey sabio, del padre Arbiol y del conde Baldassare, la declaración hecha el 15 de marzo de 1765 por una viuda llamada María Josepha Fernández contra don Juan Vicente Bolívar. Después de recibir instrucción del escribano, presbítero y bachiller Joseph Antonio García Mohedano, «bajo las censuras fulminadas por el Edicto General de pecados públicos», la mujer acusa al caballero de perseguir a sus tres hijas con el objeto de atentar con la honestidad.

Por lo menos dos de ellas, Rita y Margarita, corrieron peligro ante las embestidas del rudo tenorio:

> Así lo contaron ellas afligidas de su persecución [asegura la viuda], de que también le dio noticias Juana Requena y Juan Baptista Cortés, de quienes el dicho Dn Juan Vicente se valió para que consiguieran de las hijas de la testigo condescendiesen a los torpes intentos de este, de cuya parte

---

[130] *Ibid.*, Libro Tercero, Capítulo VI, pp. 297-299.

se la propuso para que ella le dejase llevar a Rita a la Victoria, donde la mantendría todo lo necesario con una Maestra que le enseñase, a que no asintió persuadida de no ser buena su intención; y que la Margarita la había contado que una noche había estado para llamarla para libertarse del estrecho en que la puso queriéndola violentar dicho Dn Juan; pues habiéndola encontrado sola, resistiendo ella la pretensión deshonesta la cogió de una mano y por fuerza intentó meterla en el dormitorio, y forcejeando le dijo que gritaría si no la dejaba, con lo qual (...) la dejó y se salió muy bravo[131].

Margarita respalda la versión de la madre. Le consta, dice, «ser Dn. Juan Vicente Bolívar deshonesto (...) por haberla querido forzar una tarde del año pasado»[132]. Lo mismo ocurre con Juana Requena y Juana Baptista Cortés, celestinas del personaje y protagonistas en el episodio. Según la primera: «(...) sabe es el dicho don Juan Vicente Bolívar provocador de mujeres solicitándolas a la torpeza con el (...) y buscó a Margarita para robarla su integridad»[133]. La otra declara que: «(...) se valió muchas veces de ella (...) para sonsacarlas e inducirlas a que le vendiesen su virginidad en diversos tiempos, ofreciendo mantenerlas con ostentación y darlas todo lo necesario»[134].

El caso es semejante al descrito por las *Siete Partidas*: un suceso de «gran maldad» en el cual se promueven situaciones de «torpeza» con mujeres de aparente castidad. Pero no precisa el fiscal acudir a don Alfonso para medir la dimensión del delito. Las palabras utilizadas por las deponentes lo sitúan frente a un intento de naturaleza sexual en el cual se invade con fuerza y cálculo

---

131 AAC. Sección Familia Bolívar. Legajo 2. «*Autos y Sumario* contra Dn. Juan Vicente Bolívar sobre su mala amistad con varias mugeres. 1765». Declaración de María Josepha Fernández, viuda, San Mateo, 15 de marzo de 1765, fol. 1-2.
132 Declaración de Margarita Carmona Trez, San Mateo, 15 de marzo de 1765, Autos y Sumario..., fol. 4.
133 Declaración de Juan Baptista Cortés, San Mateo, 15 de marzo de 1765. *Autos y Sumario*..., fol. 5v.
134 Declaración de Juana Requena, San Mateo, 15 de marzo de 1765, *Autos y Sumario*..., fols. 6v-7.

la rutina de unas vecinas desprevenidas. Si no se hubiera relatado en autos un designio de violación, ni el ofrecimiento de dádivas como retribución del contacto carnal, ni la tercería de las celestinas, las expresiones «robarle su integridad», «le vendiese su virginidad» y «el estrecho en que la puso» refieren cómo sienten las mujeres una agresión realizada de manera voluntaria y premeditada por un contrincante poderoso.

Las referencias sobre la posición de ventaja frente a las pretendidas, igualmente se observa en la manera de justificar las celestinas su colaboración en el asunto. La Cortés confiesa hacer de alcahueta... «por el miedo que tiene a su braveza y poderío»[135], mientras la Requena jura que llevaba los recados... «por depender de aquel su bivir, y grandíssimo temor que tenía a su voracidad»[136]. Pueden mentir, desde luego, tendencia frecuente en personal metidas en cabronería, y entonces el lobo no es tan fiero como lo pintan sino un apacible hacendado a quien exageran los defectos con el objeto de escurrirse de la ergástula episcopal. Las personas que mienten al obispo pueden pagar carcelería. En todo caso, coinciden en el punto con la viuda, quien explica los acontecimientos... «por el temor de su poder, violento genio y libertinaje en el hablar»[137].

Pero las dudas no tienen espacio en el análisis de otra denuncia hecha ante Diez Madroñero el 19 de marzo de 1765. Quien ahora suplica justicia es una campesina llamada María Pasión Fernández, contra la cual no solo se ha cebado el hombre de carácter destemplado, sino también el barón de la tierra autorizado a gobernar vidas y haciendas. El documento que María Pasión deja en las manos del obispo merece especial atención.

> Sor. Ilustrísimo, el conflicto en que me ayo me hase acogerme a su amparo como a mi padre y pastor porque me beo perseguida de un lobo

---

[135] Declaración de Juan Baptista Cortés, *Autos y Sumario...*, fol. 5v.
[136] Declaración de Juana Requena, *Autos y Sumario...*, fols. 6v-7.
[137] Declaración de María Josepha Fernández, *Autos y Sumario...*, fol. 2v.

infernal que quiere a fuersa que me lleve el diablo junto con el. Este lobo es don Juan Bísente Bolívar, que a muchos dias me handa persiguiendo para que peque con el siendo yo una muger casada y sea balido de cuantas astucias le a enseñado lusifer, pues mandó a mi marido a los llanos a su hato a buscar ganado por tener más libertad para su maldad, y como yo me le resistí fuertemente a barias instancias y promesas que me hiso (…) me pretende ahora con amenasas (…) me dijo que me había de acabar a mí y a todos mis parientes, y respondiéndole yo que Dios me diera vida para quejarme (…) me dijo que a donde quiera que me fuera, ni que me metiera dentro de la tierra me había de perseguir. Yo no lo dudo porque es muy remoso y rencoroso, pues (…) prendió en el sepo de ambos pies a mi tío Antonio Fernández solamente porque Juana Requena su muger (…) no fue a su casa[138].

Quizá no deban preocupar al prelado las maneras del hacendado de imponer orden en su territorio, debido a que las costumbres admiten los castigos corporales contra los siervos desobedientes. Para la iglesia y para el brazo secular es lícita la mano dura del «padre de familia» cuando corrige con el látigo y el encierro las culpas de los «hijos», si no llega en el correctivo a la atrocidad[139]. En cambio, deben conmoverlo los términos del relato. La campesina simplemente confirma la prédica de los pulpitos sobre la existencia de seguidores de la antigua serpiente empeñados en la perdición de las almas. María Pasión no acusa al amo arbitrario sino a un «lobo infernal». Su interés no radica en el reclamo de una injusticia sino en señalar la existencia de un seguidor de Lucifer que la quiere conducir a las tinieblas, la audacia de un pecador contra el séptimo sacramento. En lugar de referirse a procedimientos ilegales, comunica que el diablo anda suelto en una hacienda

---

138 Pieza subscrita por María Pasión Fernández, San Mateo, 18 de septiembre de 1765. *Autos y Sumario*…, fol. 40.
139 Las *Constituciones Sinodales* tratan de suavizar el maltrato de esclavos y siervos, según se destacó en el capítulo I. Pero los castigos se aceptaban.

de San Mateo. Sumergida en un discurso de influencia religiosa, se repite como protagonista de la historia bíblica del rey David, quien comete una transgresión semejante para poseer a la mujer del prójimo. En su vicisitud resume las parábolas que seguramente escuchó sobre la virtud amenazada por el Maligno. Una inculpación presentada con tanto olor a sermón obliga sin excusas a la mitra.

Entre el 19 y el 23 de marzo de 1765 atiende el escribano otra delación. Juan Thomasa Díaz, mujer blanca, Martha de la Ascensión y Georgia Guacuto, indias, acusan a Josepha María Polanco de «profanar» la unión conyugal con el Teniente pueblo. Veamos lo esencial de estos testimonios:

> [Vieron] frequentar la casa de aquella cuando casada y su marido muy achacoso, a un cavallero cuyo nombre se reserva, y comiendo muchos días juntos a la mesa al tiempo de dormir el marido la siesta, aquel y la otra Josepha María se encontraban en el otro quarto y mantenían así cerrada la puerta mucho tiempo, y algunas noches, que el tal sugetto con la amistad que profesaba en la casa, se quedaba a dormir, y (…) se juntaban a solas como entresiestas (…) y mantenía la casa de todo lo necesario regalando azúcar, papelones, maíz y trigo (…)[140]

Aquí no se atiende una situación de «estrecho», debido a que la mujer acepta de grado la compañía masculina. Parece existir un acuerdo entre las partes, mediante el cual se ofrece sexo a cambio de vitualla. Sin embargo, la que cambia placer por papelón es cristiana casada, detalle fundamental que no parece impedir la realización de diversas transacciones diurnas y nocturnas frente a las narices del marido. Diez Madroñero está ahora ante un pecado de adulterio que puede tornarse más estentóreo. Si el achacoso marido

---

140 Declaración de Juana Thomasa Díaz, casada, 19 de marzo de 1765. Declaración de Martha de la Ascensión Silva, mujer del indio Cayetano, 23 de marzo de 1765. Declaración de la india Georgia Guacato, 23 de marzo de 1765, *Autos y Sumario…*, fols. 42-43.

ignora la transgresión, los pecadores le causan grave perjuicio a su honor. Si la conoce, puede ser actor en una desvergonzado *menage a trois*. Menudo escándalo para el campestre teatro de San Mateo. Dos últimas transgresiones le achacan a don Juan Vicente, cometidas con indias de la doctrina local. La viuda María Josepha Fernández y las celestinas, aseguran que:

> Vive ameancebado con María Bernarda, llamada la Isleñita, soltera india de doctrina, hija natural de Juana de la Cruz, que frequenta la casa de él todas los más días, manteniéndola de quanto necesita, y la ha dado la cassa en donde vive con su Madre, y que ha tenido hijos en ella[141].

De la otra novedad se entera el obispo por intermedio de la agraviada, la india María Juliana, a quien se llevó el teniente para tenerla como concubina cuando era apenas una niña dependiente del cura doctrinero. Su peripecia contiene pormenores que debieron ruborizar a monseñor. Escapada de la hacienda de don Juan Vicente, dijo ante el escribano:

> (…) que tres quaresmas había estaba en su amancebamiento, y que desde antes la mantenía aquel con otra muchacha llamada María Bernarda, entendida por la Isleñita, y después con otra llamada Josepha Rosalía la Chicota, de quienes usaba a su arbitrio teniéndolas a su disposición todas a un mismo tiempo; y llamando a la que mejor le parecía, con quien se encerraba en el quarto de su dormitorio, o en un quartillo junto a la galería[142].

Como se observa, un singular amancebamiento completa la historia de desenfreno que ha salido a la luz con motivo de la

---

141 Declaración de María Josepha Fernández. Declaración de Juana Baptista Cortés, Declaración de Juan Requena, *Autos*…, fols. 1-5.
142 Declaración de María Juliana, india de doctrina, 24 de marzo de 1765, *Autos y Sumario*…, fols. 47-47v.

visita pastoral. Don Juan Vicente no mantiene en la casa de habitación unión irregular con una mujer, como cualquier lujurioso del montón, sino con tres de manera simultánea. La lubricidad lo ha conducido a inaugurar un incipiente harem. Es la más curiosa transgresión que se suma a su historial, ya abultado con cargos de persecución de doncellas, intento de violación y relaciones adúlteras.

3. Contra las ocasiones y desórdenes

El ordinario está frente a lo que en el lenguaje de la época se denomina «grave ofensa a Dios». En una comunidad pequeña la figura más representativa del establecimiento, un «padre de familia» que ejerce el tenientazgo, ha cometido un conjunto de pecados públicos. El pueblo puede correr el riesgo de la lujuria colectiva a que convida el ejemplo del individuo ilustre[143]. Por consiguiente, toma medidas orientadas a evitar circunstancias susceptibles de provocar nuevos delitos.

Una sola de las disposiciones tiene carácter general. Las otras, como se verá, atacan problemas puntuales. ¿Cuál es ahora el asunto digno de mayor atención en San Mateo, según el obispo? El descuido de la institución ocupada de la instrucción de los indios. Los niños y las niñas, dice, «deben tener mayor y más cuidado y vigilancia que la ordinaria, para que la educación y buena doctrina tengan el debido cumplimiento»[144]. El documento no se detiene en los problemas advertidos en la manera de instruir a los resguardados, ni especifica las correcciones convenientes. Solo ordena:

> Que sean los indios enseñados y adoctrinados, y se eviten las ocasiones y desórdenes que padecen comúnmente, enseñando, no tanto como

---

[143] Ver el punto de la publicidad del pecado en los capítulos II y IV.
[144] Provisión de s.s.i. Diego Antonio Diez Madroñero, San Mateo, 14 de marzo de 1765, *Autos y Sumario*, fols. 9v. 10.

jueces, que como Padres la verdad. Debe tener el Cura el mejor cuidado de la Doctrina y el de algunas muchachas[145].

La razón por la cual se interesa el obispo en las doctrinas, cuando su mayor preocupación deben ser las «malas amistades» de Juan Vicente Bolívar, no se expresa a cabalidad. Hay problemas, sin duda, seguramente indisciplina y ausencia de fiscalización. Se puede suponer que Diez Madroñero procura una custodia más eficiente de las pupilas, con el objeto de evitar su seducción por personas extrañas. No en balde el teniente sacó de su seno tres concubinas.

Resulta más simple comprender la medida que toma más adelante contra Josepha María Polanco, la mujer que escandaliza con el acusado sin respetar la cercanía del esposo. La corrección de su anomalía se busca a través de una disposición contundente.

> Que se conduzca a Joseph. María Polanco a la ciudad de Caracas y entregue a la rectora del Hospicio, para que se la tenga en el por ahora y hasta que otra cosa proveyere por el Provisor y Vicario General (…) reservando s.s.i. en sí el nombre del sugeto cómplice, mientras advirtiere la corrección que le hará en ocasión oportuna, para su enmienda; y entregados que sean los bienes de aquella a su hermano Joseph Polanco por imbentario, que se hará después de executado lo proveído, los tenga y administre socorriéndola con su producto, pagadas las costas de su conduzión al Hospicio[146].

A grandes males, grandes remedios. El alboroto de la lujuria debe desaparecer mediante el desarraigo de uno de los alborotadores. Pero solo de uno, por el momento: la mujer adúltera, quien debe soportar, aparte de una mudanza forzada y costosa que

---

145 *Idem.*
146 Auto de s.s.i. sobre Josepha María Polanco, San Mateo, 21 de marzo de 1765, *Autos y Sumario…*, fols. 44-44v.

implica la pérdida del control de sus propiedades, un refuerzo de educación cristiana. En el Hospicio de Caracas se le recordarán, junto a otras criaturas extraviadas, los deberes establecidos por la iglesia para las mujeres de su condición que no tienen maestros a mano, ni familiares justos que les sirvan de modelo, ni amigos capaces de ofrecer una asesoría menos rigurosa y evidente. Son, por cierto, los soportes que le sobran al cómplice. Por eso se puede esperar una ocasión más propicia para corregirlo, sin echar a la calle su fama.

La india María Bernarda, llamada La Isleñita, debe correr igual suerte. El 14 de marzo de 1765 ordena el obispo su traslado al hospicio, «en calidad de educanda»[147]. Sin embargo, la futura «educanda» escapa de la casa de su madre. Tiene cómplices en la fuga, pues sale por un alto agujero del techo que solo puede traspasar con ayuda de otros para luego internarse en las sombras[148]. A poco la encuentra el Fiscal de Doctrina, pero otra vez escapa. ¿Qué hacer ante la emergencia? Diez Madroñero solicita el auxilio de Juan Vicente Bolívar, quien cumple con esmero la comisión. Localiza a La Isleñita y la envía al hospicio custodiada por el cabo de su guardia.

El prelado agradece la intervención, en correspondencia que envía desde Cagua el 13 de abril de 1765. Así dice la misiva:

> Mui Señor mío: Por lo eficaz, de la diligencia en el exercicio practicado con María Bernarda quedo nuevamente afianzado de la satisfacción que pueda lograr Vmd. de quien la necesite, pues yo la tengo de que aun cuando algún fundamento hubiesen tenido de hablar (…) le desvanecerán absolutamente sus arreglados procederes con el absoluto retiro de las personas que puedan minorar aquella con que me ofrezco a la

---

147 Provisión de s.s.i., Diego Antonio Diez Madroñera, San Mateo, 14 de marzo de 1765, *Autos y Sumario…*, fols. 44-44v.
148 Informe de Luis Bartolomé Díaz, Fiscal de Doctrina, Cagua, 30 de marzo de 1765, *Autos y Sumario…*, fols. 13-13v.

disposición de Vmd., agradecido y deseoso de servirle. Nuestro Señor guarde a Vmd[149].

El contenido de la carta puede llamar a engaño debido a que parece descubrir connivencia entre el juez y el acusado, o una conducta sinuosa de quien tiene la obligación de usar el hacha para sajar la planta del pecado. No es posible, se puede pensar, que el obispo acuda al mantenedor de la mancebía para capturar a la barragana y después le agradezca el favor, como si cual cosa. Las letras del prelado pueden sugerir un arreglo entre dos personajes poderosos, mientras revienta la parte más delgada de la soga. Puede haber condescendencia, desde luego, pero el suceso admite una interpretación menos simplista.

Monseñor Diez Madroñera es un heraldo de la ortodoxia. Por consiguiente, no puede actuar de otra manera. Sigue los pasos de la cartilla tradicional, que le indican cómo debe acudir al brazo secular para satisfacer una necesidad de la iglesia. Ahora no establece alianzas con un pecador, sino con el trono. No acude a Juan Vicente Bolívar, sino al Teniente Justicia Mayor que representa en la región la autoridad del rey. El llamado hace al poder civil un dependiente transitorio de la mitra, ante cuya solicitud debe mover recursos de gendarmería aun a regañadientes. El pecador no persigue a su cómplice porque el pastor le concede licencia en atención a su posición social. Actúa en cuanto extremidad de la monarquía, como empleado obediente y, ¿por qué no?, hasta de mala gana.

La decisión en torno a la india María Juliana también puede conducir a un análisis erróneo. El obispo resuelve colocarla bajo la custodia del párroco, después de una ceremonia de deferencia para con don Juan Vicente. ¿Otra vez una cortesía hacia el pecador contumaz? Veamos cómo describe el escribano los hechos:

---

[149] Carta de s.s.i. Diego Antonio Diez Madroñera a don Juan Vicente Bolívar. Teniente Justicia Mayor, Cagua, 3 de abril de 1765. *Autos y Sumario...*, fol. 25v.

(...) mandó al Fiscal llevase a la susodicha María Juliana a la casa del referido dn. Juan Vicente Bolívar con recado para que no la maltratase por su huida, haviendo antes prevenido al Cura de todo, y que se hallasse presente como parece se halló, pues volvió éste a la presencia de s.s.i., y le dixo: como había respondido el dn. Juan que estimaba mucho la remissión de la muchacha, pero que tenía a bien no volverla a recibir en su cassa, como no la recibía más (...) y después se la entregó s.s.i. a dicho Cura para que a su disposición le pusiesse en su cassa de toda satisfacción e hiciese concurrir a la doctrina mientras lo tuviesse por conveniente, prevenido de lo que correspondía[150].

María Juliana representa en la escena un doble papel. Es una pecadora sujeta a la voluntad del obispo, pero es también una sierva escapada del dominio de su señor. Debe sufrir un procedimiento de corrección en la casa parroquial, sin que el hecho lesione una relación de dependencia existente con anterioridad. Por lo tanto, se la conduce primero públicamente a la hacienda del amo, para dejar constancia de cómo la decisión episcopal no traduce desconocimiento del señorío. Solo después de que el amo no consiente ante testigos en recibirla se perfecciona la medida eclesiástica. El pastor está para sancionar la lujuria, pero no para desconocer las prerrogativas del estamento primacial. A través del acto, dos potestades indiscutibles –la del prelado y la del barón de la tierra– se arreglan con el objeto de recibir lo que les corresponde.

4. La demostración matemática

Hasta ahora don Juan Vicente Bolívar ha aparecido en esta historia por interpuesta persona, pintado como un sátiro que siembra el terror en San Mateo. Nadie ha dicho nada bueno de él. Ninguna virtud parece adornarlo. Es, por lo que sabemos hasta

---

[150] Informe del Presbítero bachiller Joseph Antonio García Mohedano, San Mateo, s/f. *Autos y Sumario...*, fol. 47.

aquí, un hombre de ásperos modales acostumbrado a imponer su voluntad, un sujeto capaz de reaccionar con violencia cuando no se satisfacen sus caprichos, un terrateniente de cepo y cuero que considera el sexo ajeno como su propiedad sin acordarse de la existencia de Dios ni del sufrimiento de las víctimas. Pero, ¿es su brutalidad tan redonda como la describen?, ¿estamos, de veras, ante la presencia del gran villano?

El teniente visita en dos ocasiones al obispo, el 15 y el 24 de marzo de 1765, con el objeto de desmentir a los acusadores. Pretende en las entrevistas, según anota el escribano, ofrecer «una demostración matemática», de sus rectos procederes[151].

A través de la tal demostración se advierte una visión del mundo y de los semejantes, mediante la cual se puede llegar a una apreciación menos teñida de subjetividad sobre su conducta. Muchas de las actitudes que exhibe y de las cosas expresadas entonces lo muestran, más que como un individuo deleznable, como una criatura de su tiempo y de la elevada plaza que ocupó en la sociedad.

Un mantuano del siglo XVIII está acostumbrado a tomarse licencias reñidas con principios de civilidad, pero toleradas por la colectividad, seguramente con harta resignación. Cuando don Juan Vicente visita la primera vez al obispo, por ejemplo, llega «entre 10 y 11 de la noche»[152], sin pedir audiencia previa ni cambiarse la ropa de faena. Se excusa, desde luego, «por el trage y hora incómoda»[153], pero el prelado no tiene más remedio que atenderlo entre gallos y sereno. El detalle es trivial solo en apariencia. Ver entonces personalmente y en privado a la cabeza de la iglesia significa pasar el trago de una puntillosa etiqueta, cuyo irrespeto puede originar agrias escaramuzas. Sin embargo, el teniente salta las

---

151 Diligencia subscrita por el Pbro. Bachiller Joseph Antonio García Mohedano de mandato verbal de s.s.i. El Obispo, San Mateo, 16 de marzo de 1765. *Autos y Sumario...*, fol. 39v.
152 *Ibidem*, fols. 38v-39.
153 *Ibid.*, fol. 39.

convenciones y se hace recibir de inmediato por el mitrado. El episodio refleja la privanza de la aristocracia criolla y muchas de las cosas que las costumbres permitían.

Cuando Diez Madroñero se sorprende por la inesperada reunión, el caballero responde con una frase capaz de arrojar mayor luz sobre el asunto. Dice: «(...) como semegantes gentes no guardan secretos, sabía lo que habían manifestado a s.s.i.»[154].

¿A quién se refiere cuando habla de «semegantes gentes»? A las castas y a los colores, a los sujetos inferiores que el Sínodo denomina «multitud promiscual». Ellas –la viuda María Josepha Fernández, las alcahuetas Juana Requena y Juana Baptista Cortés, la campesina María Pasión Fernández, las indias Martha de la Ascensión y Georgia Guacuto, la sierva prófuga María Juliana– no son dignas de crédito porque son «semegantes gentes». Las personas de calidad, se piensa en la colonia venezolana, tienen el monopolio de la prudencia. Los otros la aprenden a duras penas del ejemplo de los superiores.

El obispo no desmiente la afirmación sobre la poca fe que merecen los deponentes en atención a su origen social, ni otra que hace también en su defensa el interlocutor. Según copia el escribano, quien sigue atentamente el diálogo:

> (...) pedía que no quedasse su nombre escrito por lo que podían haber informado contra el en la Visita (...) otras personas ignorantes que, aturdidas con sólo el aparato del vestuario respectivo de s.s.i., declararían tal vez lo que no ha passado[155].

De acuerdo con el fragmento, los miembros de los estratos inferiores son ingenuos como los niños. La magnitud de su simpleza y minoridad se advierte en el exceso de fantasía que pueden provocarles señales superficiales como las que distinguen el

---

154 *Ibid.*, fol. 39v.
155 *Ibid.*, fols. 38v-39.

paramento episcopal. El solo observar la capa pluvial, la mitra, el báculo, el rico frontal, el anillo de piedras preciosas y las bordaduras del hábito morado, los lleva a la exageración y a la mentira. ¿Puede el obispo ponerlos en la balanza con su imprudencia y su ingenuidad, frente a un «padre de familia»?

No, en principio, debido a que las opiniones vertidas en la entrevista no reflejan la posición medular del Teniente de San Mateo, sino una lectura medular de la sociedad estamentaria. El orden de Dios encargado al príncipe, según el manual del antiguo régimen, funciona gracias al auxilio de un elenco de consejeros superiores –las noblezas cortesanas y provinciales, el alto clero, los guerreros más valientes– a quienes distinguen la virtud y la sabiduría. Está en el orden de las cosas que ellos controlen al resto de la colectividad, integrada por sujetos menos perspicaces y menos virtuosos. El hábito de gobernar por mandato celestial, a menudo los inclina a cometer pecados escandalosos que la sociedad ve pasar con amargura sin la correspondiente condena. Ellos saben que pecan, pero sienten también que repiten una conducta propia de sus pares que se ha machacado generación tras generación. De allí que no se sientan tan monstruosos, ni tan ventajistas, ni tan atroces como los deben sentir los demás, esto es, muchos de sus contemporáneos y la mayoría de quienes los miramos desde la actualidad. ¿Acaso no es éste el predicamento de Juan Vicente Bolívar?

Cuando las faltas son muy abultadas corren el riesgo de recibir castigo. En principio sucede así en nuestra historia, pues el obispo, aunque las entiende, no se conforma con las objeciones planteadas por el acusado. Prosigue la investigación. Entonces el teniente vuelve a verlo a deshora y sin anuncio, a las siete de la mañana del 24 de marzo, con el objeto de solicitar «cesen los procedimientos oficiales en su contra»[156]. Pero ahora no se

---

156 Acta subscrita por s.s.i., Diego Antonio Diez Madroñera, por Fray Francisco de San Antonio, padre confesor, y Joseph Antonio García Mohedano, de la visita de don Juan Vicente Bolívar, San Mateo, 24 de marzo de 1765, *Autos y Sumario...*, fol. 46.

limita a generalizar. Reconoce las relaciones ilícitas con dos mujeres casadas.

> Con una [dice] había tenido siendo soltera trece actos, y nunca más había vuelto a pecar con ella, sin embargo que era cierta su frequente comunicación, pero que ordinariamente había sido esta delante de gentes y aun en público en la calle debajo de un árbol, y que muchas temporadas no había tenido alguna por haberse retirado de su conversación y ahora no era frequente[157].

A la otra, «(...) sólo la havía conocido cinco veces muchos años antes, y después no la trataba»[158].

Tal debe ser la «demostración matemática» que ofreció antes. Reconoce dos pecados pasados que se resumen en la contabilidad de 18 coitos con dos señoras matrimoniadas a quienes ya abandonó. No atribuye malicia a las conversaciones públicas, por cuanto sugiere que la calle debajo de un árbol a la vista del vecindario aleja las ganas de fornicar.

En el delicado asunto de las niñas de doctrina reconoce parcialmente su culpa. Veamos la declaración:

> En quanto a otras muchachas de doctrina que havrían dicho, no se les debía creer, pues sólo con María Bernarda ha tenido mala amistad; y aun que a la María Rosalía Meregota [La Chicota] la había dado un fustán, y otras cosas, y solicitando con Dn. Joseph Armas, cura que fue Ínterin ario, sacarla de la doctrina y llevarla a la Victoria como en efecto la embió. Y allí estuvo como dos meses. Lo primero fue sólo para remediar su desnudez, y lo segundo cumpliendo la obligación que tiene como Teniente de procurar que las Muchachas de Doctrina vivan bien; y se le havía dado noticia comerciaba deshonestamente aun en la Iglesia con el sacristán Francisco Colorado. Pero que respecto a otras mugeres, ningún

---
157 *Ibidem*, fol. 45v.
158 *Idem*.

fundamento podrían haber tenido para decir contra él en Visita; y que por lo respectivo a la sussodicha María Juliana, dispusiese s.s.i. lo que gustasse (...)[159]

Mediante la confesión pretende descalificar el cargo de amancebamiento público y múltiple que ya conocemos. Lo reduce a una relación de pareja y lo mitiga con dos excusas: la indisciplina reinante en las doctrinas, susceptible de facilitar actos lascivos en la misma iglesia; y su obligación de funcionario cristiano de buscar lenitivos a la suerte de las indias desamparadas. Piadosas intenciones que seguramente el obispo no pondera, pues el caballero, pese a que ha permitido también la disciplina sobre una de sus siervas, María Juliana, ante la ausencia de una contestación favorable se ve obligado después de recordar un episodio ocurrido en 1762. Lo presenta con el objeto de avalar su decisión de acatamiento a la iglesia.

Aseguró:

> Que haría lo que s.s.i. gustasse, como le havía obedecido en cortar la comunicación que con la muger de su esclavo Francisco le propuso como tres años hacía ser escandalosa, y desde cuyo tiempo la fuera de su cassa en otra muy distante de los llanos; y assí que esperaba y suplicaba a s.s.i. no continuasse las diligencias que le decían estaban haciendo contra él, como si fuera un hombre escandaloso, no lo siendo; y que desde luego ofrecía acreditar con las obras su christiano proceder[160].

Ya hacia el final de la entrevista, Diez Madroñero le da órdenes e indicaciones. Son las siguientes:

> (...) que con desprecio de todo no bolbiera a tratar, ni comunicar de forma alguna, especialmente a las mugeres cassadas que había nombra-

---

159 *Ibid.*, fols. 46-46v.
160 *Ibid.*, fol. 46v.

do, ni a otra alguna moza, escusando llamar a su cassa a las Muchachas de doctrina (…) socorriéndolas por mano del Cura si quisiera exercitar la caridad con los pobres (…) que por lo respectivo a la separación de la muger de su esclavo Francisco cuyo remedio al escándalo había sido tan malo, como el daño, pues todo ese tiempo había estado separado del matrimonio, haviendo mantenido y tenido en su compañía y servicio el Marido sin comunicar a la Muger sino una u otra vez (…) le diese a este la libertad (…) y dejase ir a hacer vida maridable con su Muger; que eran los medios que a s.s.i. se le ofrecían debía poner en las circunstancias para acreditar su inocencia y excusar a s.s.i. el quebranto, que sin duda tendría en precisarle a creer lo que negaba, y proceder en forma judicial a corregirle; no dándole por entendido con otra persona alguna de lo que ha expuesto y pasado en semejantes asuntos; pues quando la obligación de s.s.i. precissase el recogimiento de alguna de tantas mugeres que ha nombrado ser notadas con él, lo haría de forma que no suene su nombre[161].

Pese a que le está ordenando una abstinencia total de sexo, don Juan Vicente acepta con entusiasmo la decisión. Uno de los puntos que más le ha preocupado parece solventado. Su nombre de caballero noble solo circulará entre la media docena de personas de baja estofa que se atrevieron a acusarlo en el aturdimiento de la visita pastoral. El obispo no permitirá que se le mencione en las diligencias emprendidas contra las cómplices. Continuará portando un apellido altivo y limpio, mientras se procede a «recoger» a las pecadoras cuya fama importa menos a la sociedad. No es inusual que «semejantes gentes» pequen y se publique su transgresión para escarmiento de los demás. Él tiene ya suficiente escarmiento con detener la «comunicación» y la «mala amistad» proverbiales en la comarca.

Dándose por satisfecho, en suma, «ofreció cumplir todo» en presencia de un confesor capuchino[162] y ordenó la libertad del

---

161 *Ibid.*, fols. 46v-47.
162 *Ibid.*, fol. 46v.

esclavo Francisco, «dándole este el precio que el Cura de la Parrochia pussiese sea el que fuere»[163]. Las cosas se acercan a un final feliz para el Teniente Justicia Mayor.

Ha de pasar un nuevo aprieto, sin embargo. Después de retornar a Caracas, Diez Madroñera resuelve profundizar la investigación. Acaso no le satisfizo la «demostración matemática» del acusado. Quizá recibió nuevos rumores que no aparecen en el expediente. Algo lo hizo comisionar al presbítero bachiller Juan de Acosta para que se trasladase al lugar de los hechos en procura de nuevas evidencias. De inmediato parte el comisionado, pero no puede cumplir adecuadamente su tarea.

El resultado de la misión se plasma en correspondencia que envía a su ordinario. La remite desde San Mateo, el 10 de octubre de 1765. Dice el padre Acosta:

> (…) esta gente está medrosa del Teniente que los más testigos al tiempo de leerles el auto de proceder han dicho que desde luego temían el pasarlo mal con dicho sugeto, y que esto sería bastante para dexar este Pueblo y comodidad para huir de sus rigores, si llegare a saber que ellos avían sido testigos, e yo con mi modo les convocaba asegurándoles no sabría quienes avían sido declarantes, y con todo creo que no han dicho ni el tercio de lo que saben, con harto sentimiento para la Religión del Juramento (…) Yo lo que puedo decir a v.s.i. es que según lo que se ver y percivo, este Sujeto es: que es mozo poderozo, voluntarioso y con valimiento, y, que quitándole el mando todos dirán que ha hecho, pero mientras está gobernando es difícil con esta gente el conseguir digan lo que saben[164].

La elocuente carta clausura el expediente titulado «*Autos y Sumario* contra Dn. Juan Vicente Bolívar sobre su mala amistad con varias mugeres. 1765». En adelante no se agregan nuevas pie-

---
163 *Idem.*
164 Carta del Presbítero bachiller Juan de Acosta a s.s.i., el Obispo, San Mateo, 10 de octubre de 1765, *Autos y Sumario*…, fol. 49.

zas. No comparecen otros testigos ni queda constancia sobre la continuación del proceso. A lo mejor se corrige y arrepiente el caballero, o determinan el rumbo de los sucesos las razones aludidas por el comisionado. En todo caso, Su Ilustrísima no pasa por el quebranto de corregir judicialmente al transgresor. Solo ahora, doscientos cincuenta y dos años después, sin pretensiones de juez puede el historiador ensayar la reconstrucción de esos hechos protagonizados por un «mozo poderozo, voluntarioso y con valimiento». Se supone, desde luego, que el valimiento no trasciende a nuestros días...

IV. El perpetuo silencio

UNA CAUSA QUE SE PROMUEVE hacia principios de 1795 en el convento caraqueño de San Francisco, escapa a los manejos de la rutina provincial. En atención a su peculiaridad debe ser vista por la Majestad de Carlos IV, quien resuelve ponerle fin el 22 de agosto de 1798 mediante Cédula fechada en San Ildefonso. No se trata de un asunto que necesariamente deba resolver el monarca, pues las pocas transgresiones de la misma índole descubiertas en la comarca se han atendido sin acudir a superiores foráneos. Pero las proporciones del escándalo y la calidad de las personas mezcladas aconsejaban una decisión enfática que detuviera los rumores. Es así como un pleito nacido en claustros remotos de ultramar encuentra desembocadura en palacio.

Ciertamente no es un asunto cualquiera el que se lleva a ventilar ante la real persona. El propio Consejo Supremo examina antes los documentos del proceso y conoce informes reservados del Gobernador Carbonell y del Obispo Viana, que describen su magnitud. Se trata de un «crimen de sodomía» al cual la tradición y las leyes atribuyen exorbitante estatura, pero que pueden resolver la Audiencia o la Diócesis respectivas si no es por el sujeto a quien se señala como protagonista del pecado. Los deponentes acusan de la «falta nefanda» a fray Joaquín de Castilloveytía, descendientes de buena familia y miembro de la orden de San Francisco. Un criollo de sangre limpia perteneciente a la congregación más apreciada y poderosa de la región, aparece en el expediente realizando actos lascivos con una persona de su mismo sexo, y acaso de su misma condición. Tal singularidad obliga a un tratamiento especial del entuerto, hasta el punto de llevarlo por el camino que conduce a Madrid.

Aunque existen otros motivos para dar ocupación a la prudencia del rey. De inmediato sus consejeros paran mientes en el poco sigilo que ha caracterizado el proceso. En contradicción con la ley canónica, cuyas disposiciones ordenan el tratamiento secreto de los yerros cometidos por eclesiásticos, el episodio se ha divulgado sin recato en las tertulias de Caracas. Los frailes disputan con violencia sobre el presunto sodomita y hasta las castas y los colores entrometen su vulgar parecer. Pero hay más: el acusado nunca ha dado motivos a la crítica. Ha llevado una carrera intachable desde su ingreso a la seráfica hermandad. Joaquín de Castilloveytía es un sacerdote emprendedor que, juzgando adecuadas sus credenciales, ha solicitado a Roma la dignidad de Padre de Provincia que el Papa buenamente le concede. Justo cuando presenta a su superior el Breve pontificio que lo eleva de rango ante los compañeros de religión, toma cuerpo la acusación de homosexualidad en su contra.

Las circunstancias no componen un cuadro claro de delito, sino una reunión de detalles susceptibles de despertar la suspicacia del soberano. El proceso no se ha efectuado con objetividad. Pese a obedecer la regla del santo de Asís, el convento desde el cual se lanza la imputación no parece una comunión de hombres caritativos. No resulta peregrino asociar la querella con el beneficio otorgado por Su Santidad. La reputación de un fraile principal barre las calles sin que existan, en apariencia, evidencias contundentes sobre su culpa. Por consiguiente, siguiendo la opinión de sus asesores Carlos IV resuelve liquidar definitivamente el problema. En Real Cédula de 22 de agosto de 1798, expresa:

> He resuelto se imponga perpetuo silencio en la referida causa que se formó a dicho Fr. Joaquín de Castilloveytía, bajo las penas que parezcan

oportunas: que se reduzca a cenizas todo lo actuado en ella y que se ponga en pacifica posesión al mismo Religioso del Breve de Padre de Provincia, desde el día que se presentó a pedirla a su Prelado, encargándose a unos, y otros, la reconciliación, paz, y buena armonía, para la edificación de los del siglo. Lo que os participo para que dispongáis, como os lo mando, tenga el debido cumplimiento, la referida mi Real resolución, en inteligencia de que al mismo fin se comunica con esta fecha al Comisario General de Indias[165].

Pocas veces concluye un proceso en una sentencia tan absoluta. El rey no se limita a declarar la inocencia del acusado: llega al extremo de determinar la inexistencia del episodio que ha protagonizado desde 1795.

Cuando ordena el *perpetuo silencio* sobre la causa de sodomía y la incineración de los testimonios relacionados con ella, asume el papel sobrehumano de borrar de la historia la presunción de un pecado mortal en cuya noria giró el destino de numerosas personas durante cuatro años; se convierte en una deidad con poder suficiente para disponer que un suceso capaz de conmover a los habitantes de Caracas durante casi un lustro, no sucedió jamás. Gracias a la real disposición, los superiores de Joaquín de Castilloveytía tienen la obligación de recibirlo como Padre de Provincia según debió ocurrir en la primera oportunidad, cuando se presentó con los documentos del pontífice sin que nadie lo acusara de nada. Los frailes deben olvidar que tomaron partido ante el suceso, por cuanto la Sacra Majestad dispone que no existió; reconciliarse a la recíproca, debido a que es superfluo disputar por asuntos desterrados de la realidad, y aleccionar con sus paces a la grey. En el mismo predicamento quedan los subditos que tuvieron noticia del problema, sea cual fuere su calidad.

---

[165] Real Cédula con motivo de la suspensión del *Breve de Padre de Provincia expedido a favor de fray Joaquín de Castilloveitía*. San Ildefonso, 22 de agosto de 1798, fols. 4-5. Archivo de la Academia Nacional de la Historia. Material sin clasificar.

Pero, ¿puede el rey de España impedir la circulación del recuerdo sobre un hecho tan protuberante como la sodomía, especialmente si se le achaca a un franciscano? ¿Después de la Real Cédula no se hablará más del asunto en el convento, ni en la pequeña ciudad? ¿Permanece en adelante Castilloveytía considerado como el religioso honesto que era antes de la terrible incriminación? Las respuestas que se ensayen dentro del marco de la mentalidad de nuestros días pueden conducir a un desenlace erróneo, pues seguramente negarán el éxito de la sentencia y la posibilidad de una vida sin reproches para el fraile del proceso. No obstante, los testimonios de la época ofrecen un sorprendente resultado en abono de la autoridad de Carlos IV y de la reputación del padre Joaquín.

1. La antigua fulminación

Como la Real Cédula ordena *perpetuo silencio* sobre una transgresión contra la cual se asientan prejuicios arraigados en la ortodoxia católica, no exagera quien apueste a su fracaso. La sodomía es perseguida sin contemplaciones por la enseñanza de la Biblia, por la doctrina de los padres de la iglesia y por las leyes vigentes en el imperio español, fuentes generalmente respetadas por los hombres que debían obedecer el mandato. Atender la orden del monarca significaba expulsar de los anales provinciales un caso convertido en escándalo por infringir in extremis las pautas clásicas.

La condena de la homosexualidad se remonta a la tradición del Levítico que la juzga como un acto inicuo cuyos protagonistas deben pagar pena capital: «El hombre que se acueste con un varón, como se acuesta con una mujer, ambos han cometido una infamia, los dos morirán y su sangre caerá sobre ellos»[166].

---

166 Levítico, 20,13.

La denominada Segunda Ley que agrupa el *Deuteronomio* llama «perros» a los homosexuales, cuyo trabajo prohibe relacionar con las faenas del templo y con los obsequios ofrecidos a Yavé[167]. Ambos textos recogen la posición de los legisladores de Israel, quienes la toman del castigo ordenado por el mismo Dios a los habitantes de Sodoma como consecuencia de su orientación al ejercicio de la lujuria entre varones.

Tal lujuria llega al extremo de pretender los habitantes de la ciudad la violación de dos ángeles emisarios del Creador, quien resuelve sellar con una reprimenda impresionante la tentativa y dejar así el testimonio de su cólera frente a lo que en adelante se llamará sodomía: «Entonces Yavé hizo llover sobre Sodoma (…) azufre y fuego provenientes de Yavé de los cielos. Y así destruyó esas ciudades con toda la llanura, con sus habitantes y vegetación»[168].

Después de la acción de Dios, recordada por los profetas y por los apóstoles, se siembra en la conducta de los fieles el horror a la homosexualidad, el apartamiento y el desprecio de quienes la practican. No en balde el atentado contra los ángeles se puede entender como la violación del orden concertado por el Señor. Una poblada de hombres pretendiendo aprovecharse sexualmente de celestiales heraldos, constituye la más alevosa posición de un núcleo social frente al orden que ha establecido el *fiat*.

La *Carta a los Romanos*, de San Pablo, quien interesa por su carácter de portavoz fundacional de la reforma de las costumbres en atención al mensaje del Evangelio, comienza con la condena del disfrute «anormal» del sexo. En ese discurso que luego machaca la iglesia reinante ocupa un voluminoso espacio la sodomía, cuya proliferación se atribuye a castigo divino.

(…) conocían a Dios y no lo han glorificado como corresponde, ni le han dado gracias (…) Por eso Dios dejó que fueran dominados por sus malos

---

167 Deuteronomio, 23,16.
168 Génesis, 19,24.

deseos. Llegaron a cosas vergonzosas y deshonraron a sus propios cuerpos. (…) los hombres abandonando la relación natural con la mujer, se apasionaron unos por otros, practicando torpezas, varones con varones, recibiendo en sí mismos el castigo merecido por su extravío[169].

Ahora los homosexuales no son solo acreedores al castigo impuesto por las leyes del Antiguo Testamento, sino también portadores de un mal que les envenena por dentro por alejarse del proyecto del Génesis. El abandono de la relación natural por relaciones anti-naturales es el lastre que deben cargar por haber soslayado la presencia de Cristo. Olvidar a Dios induce al trastocamiento de sus designios, dentro de los cuales, según se colige de la Epístola, es obligatorio que el hombre mezcle únicamente su cuerpo con la mujer. Si el hombre mezcla su cuerpo con otro hombre actúa contra *natura*, esto es, contra Dios.

La doctrina más respetada de la iglesia incluye a la sodomía en el repertorio de los *Pecatta in coelum clemantia*, esto es, entre los delitos que claman al cielo debido a que su malicia intrínseca perturba en extremo el orden social: «Clamat ad coelum vox, sangunis et sodomorum, vox opresorum merces detenta laborum»[170].

Junto con el homicidio, la opresión y la retención injusta del salario a las personas que trabajan apegadas a la ley, le corresponde, pues, un lugar prominente que reclama la venganza celestial.

Luego los cánones fundacionales de la iglesia ordenan la deposición de los clérigos a quienes se compruebe la sodomía, condena que se confirma en el capítulo IV del Concilio de Letrán. Mediante bula publicada en 1568, Pío IV impone la pena de privación ipsojure contra los beneficiados que consientan en la homosexualidad, cuyas características detalla como sigue:

---

[169] Romanos, 22-24.
[170] *Manuale Teologiae Moralis* (1914), Vol. I.

Consistit in coito libidinoso cum persona indebita, seu ejusdem sexus: vel debita quidem, sed invase indebito. Hinc sodomia duplex perfecta una, altera imperfecta. Prior, est concubitus masculi cum masculo, feminae «un femina, sive mares inter se coeant in vase praepostero, sive in ore; sive feminae anteriori vase untatur, aut posteriori. Posterior es concubitus viri cum femina extra vas naturale[171].

Según expresa el *Enchiridion Symbolorum*, ante la aparición de una corriente presuntamente basada en Santo Tomás que consideraba el «pecado nefando» como una falta simple que podía absolverse sin vacilaciones en el confesionario, en 1665 el papa Alejandro VII insiste en condenarla como falta mayúscula al lado de la molicie y la bestialidad[172].

La sabiduría de Alfonso X, aunque sin los pormenores que distinguen al texto de Pío IV define el «crimen» de la siguiente manera: «Sodomítico dicen al pecado en que caen los ornes yaziendo irnos con otros, contra natura, e costumbre natural (...)»[173].

El *Fuero Juzgo* y las Siete Partidas ordenan la castración y el colgamiento de los reos[174], mientras la *Novísima Recopilación* establece:

> (...) qualquier persona, de qualquier estado, condición preminencia o dignidad que sea, que cometiere el delito nefando contra naturam, seyendo en el convencido por aquella manera de prueba, que según derecho es bastante para probar el delito de herejía o crimen Laesa Majestatis, que sea quemado en llamas de fuego en el lugar[175].

---

171 *Diccionario de Derecho Canónico* (1854), p. 1053
172 *Enchiridion Sumbolorum* (1953).
173 Partida VII, Tit. 21.
174 Cfr. Juan Carlos Reyes (1991), pp. 5-6.
175 *Novísima Recopilación*, Ley 1, Tit. 30, Libro 12.

La sinonimia con los descarríos del dogma y con las faltas graves a la persona del rey, hecha por la regulación, una vez más nos impone sobre la estatura que se atribuye a la sodomía. A la vez, indica cómo eran precisos para la ortodoxia su ataque y erradicación.

Son pocos los desgraciados que se sorprenden en Venezuela actuando *contra natura*, o quizá escasos los testimonios que dejó a la posteridad su conducta. En todo caso, si no son penados con la severidad descrita pagan sentencias de significación. Así, por ejemplo, un vecino de Coro a quien el Alcalde ordinario condena a cuatro años de galeras; o un soldado de Caracas que debe guardar cinco años en el presidio de San Juan de Ulúa por orden del Gobernador Solano[176]. No se tiene noticia de otros procesos, tal vez por la falta de denuncias o por la pérdida de los expedientes.

Pero cualquiera de estas razones no desdibuja la postura que se debe tener contra los homosexuales y la expectativa que deben despertar sus juicios en una colectividad del siglo XVIII formada por la tradición del imperio español. La doctrina y los usos obligan al descubrimiento y al ejemplar castigo de una conspiración contra el orden de Dios, independientemente de quien la realice. De acuerdo con la iglesia y con la autoridad civil, los sodomitas deben conocer el infierno en la tierra.

2. Razones para la mordaza

Pero ahora el rey tiene motivos de peso para decretar la mudez sobre un crimen sometido al vituperio por venerables autoridades. Pese a que existe una tradición que promueve el castigo de ese tipo de pecados, las peculiaridades del caso sugieren una salida diversa. Si las corrientes clásicas y el ordenamiento legal aconsejan una averiguación y una reprimenda ejemplar, en caso

---

[176] Juan Carlos Reyes (1991), pp. 12-14.

de comprobarse la transgresión, el estado de las cosas en Caracas sugiere una decisión más sensata: el yugo del olvido. Son demasiados los nudos que embarazan el expediente, como para hacer que la ortodoxia predomine sobre ellos.

Por lo menos en incidentes como el que nos ocupa no es obligatorio el seguimiento de la ortodoxia. Las doctrinas y las leyes se pueden poner en un rincón si lo exige la salud de los localismos. Personas importantes de la Gobernación están preocupadas por el alboroto y ahora su parecer pesa tanto como el magisterio universal que es proclive a otra suerte de desenlace. Además, el acusado merece miramientos en atención a sus antecedentes familiares, religiosos y académicos. El contraste de ellos con la conducta que parece esconderse en el convento de San Francisco, puede colocar sobre el tapete una escaramuza movida por los sentimientos poco cristianos del egoísmo y la envidia. Quizá un escrutinio con fiscales y procuradores deba terminar en la absolución del sospechoso, pero dejando en mala posición a ciertos monjes seráficos. En consecuencia resulta más fructífera la omisión.

El Gobernador Carbonell envía temprano a Madrid su parecer sobre el enredo. En correspondencia fechada en Io de diciembre de 1795, expone ante el Consejo de Indias:

> Las lenguas corren en demasía sobre la querella del Padre de Provincia, enviado por su Santidad, hablan a voces, juran y desmienten en presencia de las autoridades, en el portón de La Audiencia de S.M., dándose el caso, de palabras en boca de irnos morenos (…) Los mejores arreglos serán, aquietar el ruido, para bien de la paz, antes de algún pleito, hasta con armas o sangre[177].

También al Obispo Viana lo invade la preocupación. Según escribe a fray Pablo de Moya, Comisario General de las provincias

---

177 Correspondencia del Gobernador al Supremo Consejo de Indias, Caracas, Io de diciembre de 1795, *Real Cédula con motivo…*, fol. 39v.

y colegios de Indias por la religión de San francisco, el fermento de las opiniones aconseja una solución urgente. Su carta, fechada cuatro días después de la misiva redactada por la autoridad civil, mira por el prestigio de los frailes:

> Son inmensas las cargas que acarreará a la Provincia de la Santa Cruz, con su conjunto de institutos en agitación, y grande pleito, si S A. la Audiencia, sigue en averiguar, como parece en Derecho, aún con disgusto de Presidente y Oidores, que rezan por un lavatorio de sus manos ante los hombres sabedores del lite[178].

Una de las personas enteradas de la querella es fray Pascual de Miranda, Guardián del Colegio de Barcelona, a quien se libran patentes para examinar las pruebas en nombre del rey. Pero apenas hace una exploración superficial que lo conduce a sugerir al Consejo Supremo y al Comisario General de Indias la paralización del proceso. Veamos cómo se refiere en la Real Cédula, la versión de fray Pascual:

> (…) manifestó al mismo tiempo que de proseguir esta causa tendría por resultas incomparables daños de descrédito a la Religión de San Francisco, no aviendo en el claustro individuo alguno que no haya tomado partido, unos en contra, y otros que eran los más, a favor del que se suponía reo, a que se agregaba no aver cuerpo respetable en esa ciudad, ni individuo ilustre que no le defendiese[179].

La solidaridad de los poderosos con el reo se detalla en la continuación del documento.

---

178 Carta del Obispo de Caracas al Comisario General, Fray Pablo de Moya, Caracas, 5 de diciembre de 1795, *Real Cédula con motivo…*, fol. 40.
179 *Real Cédula con motivo…*, fol. lv-2.

El cabildo secular, el Clero y la Nobleza todos tenían a Castilloveytía por un religioso de costumbres inocentes, y conducta irreprensible; las comunidades religiosas deseaban se declarase su inocencia, la Universidad que lo condecoró con el grado de Doctor, clamaba por verle exento del crimen que se le imputaba; los Ministros de esa mi Real Audiencia insinuaban no convenía se siguiese judicialmente la causa, de cuya opinión era el Reverendo Obispo de esa Diócesis y del mismo dictamen los doctos y sensatos[180].

Hasta ahora recogen las fuentes tres razones para ordenar el *perpetuo silencio* sobre el presunto «crimen de sodomía»: la posibilidad de desórdenes públicos, la necesidad de proteger el honor de los franciscanos y las simpatías del estamento primacial por el acusado. Las probables turbulencias solo se señalan de manera somera por el Gobernador, como una suposición sin soporte. En consecuencia, carecen de peso a la hora de mover la real voluntad, aunque interesan en cuanto reflejan cómo se ha conducido el proceso sin proteger el secreto dispuesto por el código. Lucen más relevantes las otras.

Las noticias sobre la convulsión de los discípulos de San Francisco debieron llamar la atención del rey y sus consejeros. El convento que es casa de recogimiento aparece como lugar de trifulcas. Una de las órdenes de proverbial mansedumbre se ha tornado levantisca. Por consiguiente, se está ante un trastocamiento de papeles peligroso para el establecimiento, en cuyo libreto corresponde a los frailes orar y recogerse frente a los ruidos del mundo. No es que fuese insólito que una religión actuara como una soldadesca, mas es obligación del trono cuidar la organización de un reino en el que cada oficio tiene una misión y un lugar previamente establecidos, a los cuales corresponde una conducta específica. Nuestros franciscanos exhiben un comportamiento incompatible

---

180 *Ibidem*, fol. 3.

con la plaza de santos a que les ata su vocación y la tiranía de las costumbres. La anomalía solicita remedio, especialmente si en su raíz se encuentra la perfidia contra un pastor inocente. Lo mejor es, pues, olvidar la exploración del escabroso detalle.

Otra consideración se debe mezclar en el parecer de las autoridades sobre el pleito de los mendicantes: la existencia de un escándalo público. Para el patronazgo regio debe juzgarse como falta extrema el hecho de divulgarse a través de evidencias concretas una acción maligna, porque puede provocar el pecado entre quienes viven en los aledaños[181]. Ofrecer muestras patentes de pecado traduce una conspiración contra el orden dispuesto por la Providencia, debido a que el mal ejemplo puede provocar estragos al cundir entre las criaturas. Una conducta desarreglada que se divulga intencionalmente puede encontrar émulos susceptibles de dispersar la semilla de la pravedad en el solar de la creación, de acuerdo con la doctrina de los santos Agustín y Tomás. Los frailes protagonizan la desobediencia en estrépito, a la vista de todos. Desobediencia al prelado que ordenó la investigación, a los fiscales encargados del expediente, a la paz de los claustros y a la proporción de preciso imperio en una comunidad que en su tránsito terrenal debe imitar el reino de los cielos, donde cada quien guarda un puesto y ejerce una jerarquía inapelables por mandato del Padre. Su indocilidad choca con las leyes humanas y divinas, de las cuales el rey es garante.

Pero en el trazado de la ruta hacia la amnesia parece determinante el juicio de los personajes más encumbrados. Si los mantuanos de Cabildo y los títulos de Castilla favorecen con su benevolencia a Castilloveytía, es difícil dudar de la limpieza de sus acciones; especialmente cuando comparten su opinión los catedráticos de la universidad que son de la misma estirpe, el Obispo, los diocesanos y los funcionarios de la Audiencia. Ellos, «los padres de

---

[181] Para este punto ver: Carol Leal (1990).

familia», han demostrado tacto en el cuidado de Venezuela desde los tiempos de la conquista, compartiendo con la monarquía los sinsabores del poder. Las castas les deben lecciones de obediencia al príncipe y el santo temor de Dios. Son los custodios de la armonía y la simetría dispuestas a la sociedad para fortalecer el Imperio. Es difícil pensar que se equivoquen ahora. Porque son, según dice el propio Carlos IV en el documento, «los doctos y sensatos», los «ilustres» y «respetables». Representan la antítesis de la ineptitud y la rudeza propias de los hombres de baja calidad, quienes seguramente disfrutan el dislate de la temeraria imputación.

El ejercicio de la lógica también ayuda a sostener la decisión. Según el criterio de quienes componen los argumentos de la Real Cédula, el acusado no puede convertirse en un delincuente de la noche a la mañana, ni es plausible que nadie haya advertido su delito oportunamente. Por lo tanto, la mala fe debe estar en la médula del conflicto. Veamos cómo se discurre en esta orientación, referida al aspecto concreto que el documento trata con mayor detenimiento:

> La misma Provincia lo eligió como Vicario de Monjas de la Isla de Santo Domingo, empleo para el que se escogen los sujetos más hábiles y de más sanas costumbres, en cuyo buen concepto estuvo Castilloveytía, hasta que le llegó la Gracia de Su Santidad en que le concedía las exenciones de Padre de Provincia; con cuyo motivo parece se obscurecieron tan buenas prendas, sustituyendo los vicios más abominables; infiriendo de todo que no se hizo la acusación, según el tiempo y circunstancias con que se introdujo, con el celo debido de la honra de Dios, sino con un fin siniestro, porque siendo, como lo suponían, tan antiguo en el abominable vicio, no parece creíble faltase tiempo de hacerle ver su descamino, y sólo si cuando en la Provincia tuvieron noticia del Breve Pontificio[182].

---

182 *Real Cédula con motivo…*, fols. 2-3.

El argumento no es tan robusto como se pretende, aunque entonces nadie está para atrapar la fragilidad de las razones del monarca. El argumento se puede desmontar advirtiendo cómo un religioso homosexual debe seleccionar un lugar resguardado para satisfacer su inclinación, quizá la celda a medianoche o algún costado sombrío de los claustros, para que sus hermanos de religión no lo sorprendan en descamino. Cualquier litigante de mediano talento puede pretextar el esperado disimulo del transgresor, pues no es la sodomía cosa de publicación y engreimiento en un monasterio ajustado a la regla del *poverello*. Un pecador puede ascender en la carrera eclesiástica si no descorre el velo de su intimidad. Si la oculta con éxito con el cómplice adecuado los vecinos jamás la conocerán. Pero el *perpetuo silencio* no da ocasión para los alegatos.

Sin embargo, las noticias que hemos agrupado sobre fray Joaquín de Castilloveytía, apuntalan la posición de la Real Cédula. Su familia se establece a principios de siglo en la provincia para ejercer funciones de honra y valía. Don Joaquín José, el fundador de la estirpe criolla, gana prueba de hidalguía contra el Ayuntamiento. Después es Capitán del Batallón de Blancos y Alcalde Ordinario de Caracas. Cuando ingresa al convento el personaje de nuestra historia, quien había nacido en La Guaira el 9 de diciembre de 1773, muestra credenciales de pureza sanguínea. Desciende de cristianos viejos e hidalgos, sin tacha de judería ni sombra mora[183]. Ha cumplido con la madre iglesia y quiere ser tan virtuoso como los santos del medioevo.

Durante su paso de lego asiste sin faltar una sola vez a ayudar las funciones de tabla que dan en la iglesia de Nuestra Graciosa Princesa Santa Rosalía, según le ordena su padre Guardián. En todas las ceremonias, informa el párroco,

---

[183] AAC. Eclesiásticos. Licencias de Hábitos, 1760, Legajo 18. «Información de orígenes, vita el movimientos de Dn. Joaquín Castillo Veitía, fols. 7-8.

(…) se advierte una práctica aquilatada, e igualmente en sus acciones, modales y costumbres la conducta más irreprehensible que puede acreditarlo. Y ha asistido también a cuantas fiestas supernumerarias y demás Misas solemnes se han celebrado desde el día de su asignación[184].

Cuando solicita licencia para llevar hábitos y cuando se le concede la petición de órdenes, para atender las exigencias de la congregación, seis testigos juran frente al Evangelio y certifican ante notario que:

> Don Joaquín de Castilloveytía es persona limpia de toda mala raza, con una vida tenida por reputada sin cosa en contra, que ha llevado una conducta conforme y regular sin haber dado en tiempo alguno la más leve nota de su persona[185].

Luego en los papeles del convento no aparecen referencias sobre su mal desempeño, lo cual permite colegir que se conduce con propiedad sin llamar la atención de los superiores, quienes nunca lo reprenden. Por lo menos no se detalla ninguna falta susceptible de inscripción en los archivos ordinarios. Además, sabemos por la Real Cédula que se le escoge para vicario de unas monjas establecidas en Santo Domingo, selección que debió estar precedida por un examen que no reparó defectos en sus virtudes y capacidad. Para convertirse en padre espiritual de una comunidad de esposas de Cristo se necesitan limpieza de espíritu, paciencia, castidad y sabiduría, cualidades que se debieron observar en el candidato a la hora de embarcarlo hacia el comprometido ministerio. Desde su puesto de Lector de Artes se presenta a oposiciones en 1783 para las cátedras vacantes de Arte y Filosofía, sin que a nadie alarme la pretensión. Además, en 1787 trabaja a satisfacción como secretario del padre Visitador. No en balde la Universidad Real y Pontificia le ha

---

[184] *Idem.*
[185] *Idem.*

impuesto la borla de Doctor en Sagrados Cánones, después de una brillante carrera que culmina con honores en 1786[186].

Sin embargo, de pronto lo fulmina el atroz cargo: «descamino», «falta nefanda», «abominable vicio», «crimen de sodomía». Es una acusación sorpresiva que los más suspicaces comienzan a relacionar con el Breve de Padre de Provincia que le ha llegado de Roma. Así lo sugiere fray Pascual de Miranda al Consejo y al Comisario General de Indias, y así lo asume Carlos IV en la sentencia. Pero ser Padre de Provincia no implica el ejercicio de funciones de gobierno dentro de la comunidad; ni produce beneficios materiales que se traduzcan en limosnas especiales, o en celdas más amplias, o en comida menos frugal, o en horarios cómodos para decir la misa y para administrar los sacramentos, o en hábito de tela sin aspereza o en mayor libertad de parlotear en el locutorio y de trotar por el mundo. ¿Por qué la designación produce, entonces, una roncha capaz de infamar a Castilloveytía?

La denominada Paternidad de Provincia es un premio a los religiosos «dignos y beneméritos», generalmente otorgada por votación en los capítulos provinciales o generales de la orden franciscana y, en contados casos, creada por el romano pontífice. Precede a la votación de los frailes el conocimiento de la historia del aspirante a Padre de Provincia, quien necesariamente debe tener dos años en un empleo monacal desempeñado con idoneidad. A partir de su elección, el premiado disfruta de «honores, gracias e indultos», los cuales usualmente consisten en: «(…) preferencia y antelación en el asiento, voto y procesiones, de jure»[187].

De manera que un polvorín con ecos en Madrid parece confinarse a la nimiedad de una zancadilla para ocupar las butacas del convento, o para sufragar primero que el vecino. No, ciertamente. El asunto tiene mayor sustancia.

---

186 *Ibidem*, fols. 9-9v.
187 Representación de fray Joaquín de Castilloveitía ante la Real Audiencia de Caracas, Caracas, 22 de noviembre de 1798. *Real Cédula con motivo…*, fol. 9.

El orden colonial posee formalidades a través de las cuales se identifica la calidad de las personas. Una escala que se muestra mediante representaciones exteriores de dignidad, anuncia públicamente una posición en el repertorio de la vida. Existe un puntilloso ceremonial, cuyo formulario señala la importancia de los hombres ante los ojos de Dios y frente a la consideración del rey. La muestra de tal importancia se hace a través de indumentaria especial, gracias al uso de objetos y por la colocación en sitios exclusivos cuando ocurren actos públicos y privados. En la tierra debe pasar como en la corte celestial, donde los ángeles y los santos se distinguen por alguna muestra visible de preponderancia y según se ubiquen ante la presencia del Altísimo. La provincia debe repetir los usos del palacio real y de la iglesia metropolitana, cuyos actos son tiranizados por un concierto de pasos, ropas, cosas y etiquetas para decir quién es quién en la amistad del príncipe y en el seno de la fe. Para la posesión de tales señales se precisa legitimidad, esto es, una licencia de uso de ropas y adornos, una patente que permita la colocación y el movimiento en las funciones colectivas. Los que se creen merecedores de los símbolos pueden pugnar por obtenerlos, luego de arduas probanzas, pero quienes los disfrutan sin merecimiento corren el riesgo del castigo de sus pares ofendidos por la exhibición de signos fraudulentos. En consecuencia, es habitual la realización de pleitos con el objeto de desenmascarar a los impostores que no tienen derecho a lucir como lucen.

Los franciscanos han escogido una vida de apartamiento y pobreza, pero son criaturas de la sociedad vivida como una representación teatral en la cual cada quien debe lucir de acuerdo con el escalafón. Por consiguiente, en el convento se repite la actuación. Hay frailes más beneméritos que otros y les toca la distinción de una plaza acorde con su benemerencia: una silla en la cabeza del Capítulo, marchar adelante en las procesiones a la derecha de la cruz, votar antes que los demás las decisiones de la casa, auxiliar el gobierno monacal cuando surgen problemas, ser una referencia y un reto para los legos. Pero igualmente aparecen resquemores cuando se observa «mejor sentado» al vecino, expresando opiniones de primera categoría. Como señala el rey en su documento, en el convento la distinción puede originar un «fin siniestro».

Pero lo que es hasta ahora una especulación deviene denuncia categórica después de conocerse en Caracas el contenido de la Real Cédula. Ante la presunción de demoras que entorpecen la ejecución del mandato, Castilloveytía entiende que su Provincial, fray Juan Antonio Ravelo, no actúa «con inocencia». Veamos las razones:

> (...) habiéndome yo presentado el día 9 de agosto del citado año de noventa y uno a pedir la posesión del Breve Apostólico, no teniendo para esta fecha Fr. Juan Antonio Ravelo más que siete meses no cávales de Provincial, faltándole por consiguiente año y cinco meses para poder entrar al gozo de P. De Prava, en conformidad de nuestros estatutos Romanos (...) no pudo entonces dudar, ni tampoco ahora, que desde luego le debía preferir si me la hubiese conferido, y no interceptado a pretexto de los vicios (...) que supuso tenía el citado Breve, y los de indignidad con que inhabilitaba mi persona para gozarlo (...) y no tuvo otro fin y objeto el procedimiento del citado mi Vicario Provincial, fray Juan Antonio Ravelo, que impedirme a la sombra del sumario la antigüedad y antelación que sobre él me daba el Breve (...)[188]

De ser cierta la versión, toda la turbulencia concluye en una querella de investiduras. El prelado Ravelo se resiste a ver cómo un subalterno lo supera en consideraciones y urde una infamia para impedirlo. Se subleva ante las letras apostólicas que le dan precedencia al otro en el cortejo de las procesiones, en el sitio del asiento y en el voto del Capítulo. Si tales son los móviles del episodio, demuestran con elocuencia cuánto importan para la mentalidad de entonces los signos exteriores y los contenidos ceremoniales.

---

[188] Representación de fray Joaquín de Castilloveitia, ante la Real Audiencia de Caracas, Caracas, 20 de diciembre de 1798, *Real Cédula con motivo...*, fol. 24-25.

Pero los hechos permiten otro comentario, para no limitarse a dar por buenas las razones del agraviado. Consiste en aproximarse al origen de la dignidad en liza. La orden franciscana se distingue desde su nacimiento por la deliberación y la democracia internas. Es usual que sus miembros examinen en cada casa los problemas, con el objeto de llegar a decisiones sin que una autoridad imponga su parecer. La Paternidad de Provincia de Castilloveytía viene de Roma, obviando la consulta del Capítulo caraqueño cuyos miembros pueden resentir por la «intromisión». Contra la costumbre, Castilloveytía subestima a sus pares cuando acude a la Santa Sede para que lo califique de benemérito. Flacos hombres al fin, ellos reciben de mal grado el rodeo. También frente a las mercedes del Vicario de Cristo es celosa la democracia de los mendicantes, que prefieren escribir ellos mismos en cada núcleo el libreto de las formalidades. Como el Breve sustituye su deliberación, algunos la emprenden contra el sujeto que cambia el honor proveniente de sus hermanos por una gracia de Clemente XIV.

3. Las ceremonias del olvido

En todo caso, no queda entonces espacio para más especulaciones. Carlos IV ha dicho la última palabra y corresponde a la audiencia de Caracas hacerla valer. Por consiguiente, en 22 de noviembre de 1798 Presidente y Oidores libran una provisión dirigida al Provincial fray Juan Antonio Ravelo, quien se encuentra en Valencia, para que en el plazo de ocho días vuelva a Caracas a ocuparse del *perpetuo silencio*.

Lo primero que debe hacer el prelado, según el documento, es preparar la hornaza. Tiene que

> (...) consumir y reducir a cenizas, a presencia del señor Semanero qualesquiera autos y papeles que se encuentren respectibos a esta causa (...) Dé inmediatamente las providencias más eficaces e fin de recoger del Archivo

Gral. de Provincia y de los particulares de sus conventos y de todos y cada uno de los Religiosos que están a su obediencia todos y qualesquiera papeles judiciales, o extrajudiciales, borradores o copias, cartas, informes o representaciones concernientes o de quealesquiera modo alusivas a la propia causa, y los remitan con entera seguridad a esta Rl. Auda. Poniendo la última diligencia con su firma y custodiada por el Secretario de Provincia de haberse practicado todas las diligencias posibles, y no haberse hallado otros documentos y papeles que los que se remitieron (…)[189]

Pero es laborioso borrar un pecado de la faz de la tierra. Hay que escribir a los conventos y a los hospicios, a los colegios y a las iglesias de la Provincia de la Santa Cruz en los cuales se tuvo conocimiento del escándalo, para que expurguen la heterogénea especie de evidencias condenadas. En cualquiera de ellos y aún en comunidades lejanas de las Antillas, pueden existir datos con pasaporte para la hoguera. Pese a que Castilloveytía se queja a la Audiencia de la negligencia del superior en la pesquisa de las terribles huellas, consta en archivo que éste ha circulado provisiones para la «más pronta y exacta observancia» del cometido.

Entre julio y octubre de 1799 los guardianes de los conventos, hospicios e institutos de Caracas, Cumaná, Trujillo, Barcelona, Margarita, La Guaira, Guanare, Santo Domingo y Puerto Rico aseguran en su correspondencia que han cumplido. Atendiendo a la cédula del rey han registrado sin éxito los archivos y han llamado a los frailes, para que saquen de sus celdas las «reliquias del crimen»[190]. Un fatigoso discurrir de provisiones se prolonga hasta marzo de 1801, cuando Castilloveytía suscribe un acta a través de la cual, por fin, acepta que el proceso ha terminado satisfactoriamente. Los papeles se han consumido en las llamas.

---

189 Auto de la Real Audiencia, dirigido para su obedecimiento a fray Juan Antonio Ravelo, Caracas, 26 de noviembre de 1798, *Real Cédula con motivo…*, fol. 16-16v.
190 AAC, *Fondo Franciscano*, Legajo 20,1799. «Obedecimiento de la Real Cédula sobre perpetuo silencio», fol. l-3v.

Es también en 1801 cuando Ravelo le devuelve el Breve de Padre de Provincia debidamente anotado en los libros de la jurisdicción. Castilloveytía obtiene las letras apostólicas en 1791, pero espera diez años para ver su reconocimiento como religioso benemérito en Caracas. No solo porque se atraviesa en el camino la acusación de sodomía que llega hasta el trono, sino porque él mismo enreda las cosas. El Provincial debe asentar en los libros del convento de San Francisco el contenido de la Real Cédula y el documento pontificio, y ver que se haga lo mismo en las comunidades de la región. Así lo hace, pero de manera torcida según el interesado, quien acusa ante la Audiencia en 20 de diciembre de 1798:

> (...) por medio de unas cláusulas o expresiones muy grabes, manda [Ravelo] se me ponga en posesión de las letras apostólicas en la serie o clase de los Padres agraciados con igual gracia por el orden de sus fallas; previniendo también que circule su patente con calidad de no quedar tramitada en los libros de los conventos de la Provincia y por consiguiente sin archibarse en ellos. Y mi Provincial ha faltado a la formalidad de derecho de insertar en su patente la Real Cédula de Su Majestad (...)[191]

Dos asuntos ventila aquí el personaje: la consideración de su Paternidad de Provincia como un derecho y la divulgación del documento real. La dignidad que ha obtenido no es una merced de Clemente XIV sino un reconocimiento de méritos. Los padres son agraciados cuando se les concede el beneficio a pesar de sus defectos, pero, como él no tiene defectos, debe inscribirse su nombre, Joaquín de Castilloveytía, en las páginas adecuadas junto con los más legítimos Padres de Provincia que han existido. Si ha de sentarse en butaca especial, si puede votar primero y marchar a la vanguardia de las comitivas, nadie debe observar en ello ventajas subalternas o dudosas. Su honor es el honor sin discusión que

---

[191] Representación de fray Joaquín de Castilloveitia ante la Real Audiencia de Caracas, Caracas 20 de diciembre de 1798, *Real Cédula con motivo...*, fol. 25.

importa a la sociedad. De allí la insistencia en que circule la Real Cédula. No importa que su contenido hable del «crimen de sodomía». Al fin y al cabo es un delito condenado a *perpetuo silencio*. Importa más que los frailes sepan cómo está mezclada la propia majestad del rey en la certificación del honor, aunque es reconocido después de una década de escaramuzas.

Pero aún faltan pasos trascendentales. El honor de Castilloveytía no solo espera por la menuda inscripción del Breve en los libros de los conventos. Tampoco se conforma con la quema de papeles ordenada por el rey. Aguarda las aguas lústrales del acto ceremonial. El padre Ravelo debe organizar formalidades en las cuales demuestren los religiosos su voluntad de olvido. Le corresponde encargar a los frailes:

> (…) la reconciliación más cordial, paz y buena armonía con los actos interiores y exteriores que sean capaces de desterrar hasta la más leve nota ofensiba a la conducta y circunstancias de este Religioso [Castilloveytía] para que sirva de exemplo a los del siglo: poniendo de todo las diligencias y anotaciones que lo califiquen, que así se estima conforme a las Reales disposiciones de S.M.[192]

Por último, debe colocar al exculpado en su lugar, esto es, en el Convento de San Francisco como Padre de Provincia. Castilloveytía, quien se encuentra transitoriamente alojado en el Convento de San Jacinto, debe retornar en triunfo a su comunidad de origen.

> (…) disponga: [se le ordena a Ravelo] que el Religioso Fr. Joaquín de Castilloveytía se regrese a su convento desde el de Sn. Jacinto en que se halla, acompañado de los Religiosos de respeto y consideración que destine para el efecto, comunicándolo a esta Rl. Audiencia[193].

---

192 Auto de la Real Audiencia dirigido por su obedecimiento a fray Juan Antonio Ravelo, Caracas, 26 de noviembre de 1798. *Real Cédula con motivo…*, fol. 16v.
193 *Idem.*

Precedido por el asombro de sus títulos –Lector de Sagrada Teología, Teólogo de la Majestad Católica en su Real Junta por la Inmaculada Concepción, Ex Maestro Provincial de la Orden de San Miguel, Guardián de los santos lugares de Jerusalén, Comisario General de todas las Provincias y Colegios de las Indias por la Religión de San Francisco– fray Pablo de Moya indica a Ravelo cómo hacer la primera ceremonia en todos y cada uno de los conventos.

> Después que estas letras lleguen [Real Cédula, copia del Breve pontificio y carta especial de Pablo de Moya] los superiores las hagan leer en presencia de toda la comunidad congregada a toque de campana *more solito* (...) y las remitirán al convento que sigue (...) y del último se nos devolverán certificando su obedecimiento[194].

Y al final de cada acto:

> Que todos los que se hubiesen mezclado en disputa y por esta razón estuvieran desunidos, y enemistados; se reconcilien y unan entre sí como hijos de un mismo padre, perdonándose mutuamente qualesquiera agravios, como verdaderos Religiosos cuya qualidad debe estimularlos a observar con mayor exactitud las leyes de la caridad impuestas por Ntro. Redentor en su Evangelio[195].

La necesidad de funciones de esta naturaleza para clausurar un conflicto sobre la sodomía de un franciscano, seguramente no calza en los cálculos de la mentalidad contemporánea. Hoy se puede sentir cómo tanto llamado de campanario y tanto aparato frente a una aglomeración confirman el recuerdo del pecado en la memoria de los circunstantes, en lugar de provocar su olvido. En nuestros días es preferible un discreto silencio, que un *perpetuo silencio*. Sin embargo, existen motivos para las pompas finales.

---
194 AAC. *Fondo Franciscano*, Legajo 20,1799 «Obedeciemiento...», fol. lv.
195 *Idem.*

Como ya se apuntó, la vida toda se refrenda entonces en ceremonias. Un caso como el que nos ocupa no puede ser una excepción, en especial si ha discurrido como escándalo público. Los franciscanos que frente a la grey han abandonado la santa obediencia y la santa humildad, tienen la obligación de ser sumisos y afables frente a la misma grey. Un escándalo público solicita una contrición divulgada por campanero, para que la gente sepa que la proporción y la simetría imperan otra vez en las porciúnculas de acuerdo con la naturaleza de las cosas. Los que dieron intencionalmente un mal ejemplo ahora pregonan la lección del entendimiento, para gloria de Dios y salvación de las almas que pudieron contaminarse por la influencia del extravío. Aquí el arrepentimiento no incluye solo la primordial necesidad de sentir realmente dolor de corazón. Como expresa la fuente, se precisan «actos exteriores»: saludos, abrazos, besos amables en la mejilla para edificación de las criaturas del siglo xviii. Cuando un convento se tuerce en estrépito, aparatosamente se endereza.

¿Y el sodomita que no es ya sodomita, sino Padre de Provincia? Joaquín de Castilloveytía es la estrella de su fausto particular. Los levitas de mayor consideración, los reputados por su recato y santidad, lo retiran con parsimonia de la casa de San Jacinto para llevarlo con ostentación hasta el portón de la casa de San Francisco. Es la caminata de las frutas sanas que le borra la tacha de manzana podrida. Es el desfile de la buena compañía, susceptible de aparearlo con los bienaventurados. Para que lo vea el pueblo de Caracas acostumbrado a las claves de la teatralidad colonial.

4. El desenlace del silencio

El historiador, quien no puede penetrar la mente de las criaturas del pasado con el objeto de conocer las cosas guardadas que dejan de expresar, debe suponer que los venezolanos de las postrimerías del siglo xviii no olvidan el caso Castilloveytía.

Especialmente los frailes. Un suceso vivido con intensidad en una ciudad pequeña, un episodio que traspasa los linderos locales para llegar hasta la metrópoli difícilmente desaparece del recuerdo. Cada quien debe tener una posición sobre sus peripecias que no se esfuma de buenas a primeras. Pero ¿cómo hace cuando enmudecen esos interlocutores desaparecidos? Solo le queda remitirse al silencio, cuya presencia es tan importante como las poses estentóreas. El convento de San Francisco es el primer lugar en el cual se observa la huella del silencio. Buen lugar para palparlo, pues en él habita Castilloveytía en medio de diversas tensiones que puedan mover más de la cuenta la lengua de sus hermanos.

Una de ellas se experimenta en febrero de 1799, cuando todavía no se ha resuelto su caso. En la mañana del día 14, un corista sin órdenes, fray Manuel Hernández, mata al Padre Guardián y hiere de gravedad a un diácono y a un maestro de novicios[196]. La comunidad teje cualquier tipo de hipótesis ante el asesinato, habla de buscar cómplices en el interior del claustro y sugiere el interrogatorio de varios religiosos. Un pecador empedernido puede estar detrás de los sucesos. Pero un detalle los mueve a la reflexión.

> Por la noche antecedente observaron los Religiosos en el cielo sobre el mismo Convento una especie de hoja de espada muy negra formada por una nube atravesada a lo largo de Norte a Sur y con una especie de terror se preguntaban irnos a otros: ¿qué será esto? (…) El color tan negro de una nube tan delgada y larga en medio de un cielo tan limpio y estrellado por todas partes, era lo que daba más motivo al terror, al cuidado, a la curiosidad y a las más funestas aprehensiones que se formaban[197].

Debido a la tétrica señal, concluyen en que no se debe pensar en la complicidad de otro fraile. El homicidio es una empresa del demonio, quien movió la mano del desgraciado corista.

---

196 Juan Antonio Navarrete, p. 90-93.
197 *Idem*.

En definitiva al responsable se le quita el hábito, la cuerda y el cerquillo para entregarlo con una simple túnica al brazo secular. Al domingo siguiente doblan las campanas de todas las iglesias, mientras se lee en alta voz en el altar mayor, al lado de la Epístola, el auto declaratorio de excomunión del transgresor[198].

Hacia finales del año surge una trifulca de altos vuelos. Los menores y los terciarios se lían a insultos que no ahorran la procacidad y los intentos de agresión física. Cada bando reclama mayor privanza en los claustros y acusa a su rival de cometer actos contrarios a la justicia divina. Hasta en la capilla se dicen «cosas impropias». La disciplina llega al extremo del relajamiento, situación que obliga al Comisario General de Indias, fray Pablo de Moya, a remitir letras de apaciguamiento por intermedio de un Visitador dotado de poderes especiales. Como resultado de las gestiones del enviado, en el 1800 se suscribe un *Acta de Paz* entre los combatientes. Menores y terciarios se comprometen a olvidar rencillas «en virtud de santa obediencia»[199].

En el crimen atribuido al diablo y en las refriegas de los mendicantes alguien puede involucrar a Castilloveytía, habida cuenta de sus debatidos antecedentes. Sin embargo, nadie lo incrimina en los documentos correspondientes. Ni siquiera lo mencionan. Al contrario, se fijan en sus cualidades a la hora de elegir un nuevo Comisario Visitador. Debido a la ausencia de un mandato procedente de España y después de consultar a los teólogos sobre la legitimidad del procedimiento, el Capítulo se reúne el 24 de febrero de 1801 para que lo seleccione una mayoría de 16 votantes[200]. En atención a las crisis experimentadas en el convento, resulta plausible suponer cómo ha desaparecido del ambiente la acusación de

---

198 *Idem.*
199 AAC. *Fondo Franciscano*, Legajo 13, «Participación de Visita y Providencia relativas al mejor bien y servicio de la Ifrovidencia», 1800, fol. 6v-7.
200 AAC. *Fondo Franciscano*, Legajo 14, Primera Parte. «Informe al R.P. Visitador Fray Josef Francisco Rodríguez», fols. 5-6.

sodomía. Si pesara en el ánimo de unos religiosos recientemente «visitados» por disposición del Comisario General, su nombre se hubiese descartado de inmediato.

Se puede manejar un argumento semejante en relación con el asunto que sigue. Cuando apenas se estrena en funciones, recibe un encargo del obispo Ibarra. La mitra quiere efectuar unas «pláticas para el público» y ve en el flamante Comisario un buen organizador. Para complacer al prelado, Castilloveytía sugiere la disposición de diez funciones según «los Ejercicios del Glorioso Patriarca San Ignacio», a cargo de un equipo de Lectores que cobrarán diez pesos por su trabajo. El designio se cumple a satisfacción en la última quincena de marzo de 1801[201] y confirma cómo, después del mandato de Carlos IV, el antiguo acusado se codea con lo más encumbrado de la ortodoxia. Según sugiere el episodio, a la exorbitante acusación de homosexualidad se la ha tragado la tierra. Cerca del obispo Ibarra están Deán y los canónigos, todo el cabildo catedralicio, un elenco de consejeros celosos que hubiesen reparado en la incriminación si estuviera rodando por las calles, o sembrada en los círculos del poder.

La invitación del Obispo admite una interpretación adicional. ¿No apoyaban antes la nobleza y el alto clero al acusado? Desde luego, y la Real Cédula del perpetuo silencio simplemente confirma el acierto de sus opiniones. Cuando se llama desde Catedral al infamado injustamente para que concierte una función de naturaleza piadosa, los hechos ratifican la puntería de los poderosos. Ni siquiera han tenido necesidad de rectificar, a la hora de convidar al nuevo Comisario Visitador. Otra vez se confirma la tradición del antiguo régimen, que los tiene por «ilustres», «doctos» y «sensatos». Castilloveytía, con los Ejercicios de San Ignacio en la mano, edificando pecadores a solicitud de Su Ilustrísima el doctor Francisco de Ibarra, demuestra a los inferiores las virtudes del estamento primacial.

---

201 AAC. *Fondo Franciscano*, Legajo 14, «Correspondencia del Obispo al Comisario Visitador», fols. 1-lv.

Solo un alto personaje de ese mundo se atreve a comentar los excesos de Catilloveytía, pero sin referirse de manera expresa al «pecado nefando». Es fray Juan Antonio Navarrete, teólogo harto consultado, catedrático en Puerto Rico y en Caracas, sobrino del Deán de la Catedral y acaso el escritor más fecundo de nuestra colonia, autor de la celebrada *Arca de Letras y Teatro Universal, de Margarita Canónica, Nova Aquila, Llave Magistral* y de otra media docena de volúmenes perdidos en los rincones del Fondo Franciscano de Caracas. En uso de su autoridad de Comisario, Castilloveytía ordena a un sacristán de confianza que retire varios atriles que utiliza el erudito para rezar en un altar cercano a su puesto de trabajo, pues las preces entorpecen sus funciones y consultas. La orden termina en un curioso encontronazo, sucedido en 1805.

Según denuncia Castilloveytía al Maestro Provincial:

> El día 28 del próximo pasado junio, como a las diez de la mañana, al subir yo (...) dirigiéndome hacia nuestra celda por las escaleras que conducen a los claustros altos, hallándose dicho M.R.P. Navarrete en el plano de arriba conversando (...) pasé con la natural ligereza, que acostumbro, junto a dicho M.R.P. Sin advertir, ni prevenir que me mesaba con su ombro tropezé ligeramente con él, o de refilón con su ombro.
>
> Esto sólo, M.R.P.V., bastó para que haviendo ya Yo pasado, bolbiese al instante sobre mi el M.R.P. Navarrete, y descargase sobre mis espaldas y ombro derecho (como si fuese Yo un muchacho) un fuerte golpe o chuchazo con una bela de cera, que tenía en sus manos, de las honras que acababan de celebrarse[202].

Después del golpe que no solo le causa lesiones físicas, sino «turbación y vergüenza», solicita el castigo del agresor, «(...) aplicando la pena de la Constitución, pues para esto es que están

---

202 AAC. *Fondo Franciscano*, Legajo 21, «Querella de Fray Joaquín Casti-lloveitia contra Fray Juan Antonio Navarrete», fols. 1-2.

establecidas las leyes, para corrección de los delinquentes y escarmiento de los demás»[203].

Navarrete reacciona con furia. Solicita una reunión de los Padres de Provincia en la cual arremete contra el Comisario, acusándolo de extraña complicidad con el sacristán. Le deja una carta en su silla del Capítulo, en la cual se puede leer:

> Pe. Joaquín Veitia
> Por que estamos ya muy vecinos al Juicio de Dios, tanto Vmd. como Yo, vuelvo a citar a Vmd. para su Tribunal, pa. que allí encuentre quien es el que obra mal entre todo lo que pasa entre mí y Vmd. y tantos lustros y años en que está Vmd. viviendo sin enmienda en sus sacrilegios, infamias, insolencias, y arrojos escandalosos sin ningún temor a Dios, ni de las Excomuniones de la Iglesia que se ha tragado, y se traga sin conciencia algún como tan ignorante, animal, bruto que vive sin estudio alguno (…) le advierto (si acaso su brutalidad no lo ha advertido) que le tengo perdonada de mi parte la injuria gravíssima, pública y escandalosa que ha hecho Vmd. y su sacristán a la Dignidad Sacerdotal en el Altar de la Tercera Orden, donde desde ahora está Vmd. condenado a venir a penar después de su muerte: lo que se le advierte por si acaso quisiese expiar su culpa con la penitencia debida (…) Espere Vmd. el juicio durísimo como excomulgado sacrilego y loco sin conciencia ni temor de Dios (…) De su sacristán digo lo mismo, cuya alma tiene Vmd. tan escandalizada, que es la que va a servirle también de tormento en la Eternidad. Poco falta para que vea Vmd. la verdad de todo lo dicho. Su más humilde hermano que tanto le ha sufrido y perdonado. Fr. Juan Antonio Navarrete[204].

Por primera y única vez desde la recepción de la Real Cédula, alguien habla de los pecados de don Joaquín. Y qué género de faltas le achaca: actitudes escandalosas que caen en el sacrilegio y conducen a la excomunión, íntima amistad con un sacristán a

---

203 *Ibidem*, fol. 3.
204 *Ibidem*, fol. 18.

quien ha escandalizado hasta el punto de asegurar su entrada en los infiernos. Pero Navarrete no desobedece la orden del monarca. Pese a la ira que se aprecia en sus afirmaciones, no refiere el «crimen de sodomía» de manera expresa. Apenas lo deja circular de forma soterrada entre insinuaciones genéricas.

En todo caso, tales insinuaciones no encuentran acogida en la comunidad. No arredran al contrincante, quien entrega al Maestro Provincial el «calumnioso» papel para que se incluya en el expediente abierto de acuerdo con su solicitud. Tampoco influyen entre los testigos que deponen en el proceso, quienes no señalan actitudes criticables de Castilloveytía. Ni provocan reprimendas. Al contrario, es Navarrete quien termina perjudicado, pues el Capítulo resuelve trasladarlo a Puerto Rico como Regente de Estudios[205]. Entonces el erudito prefiere suplicar la jubilación, «por la larga experiencia que tiene de las graves resultas que experimenta contra su salud en los Puertos de Mar, máxime en los Conventos de las Islas de Sto. Domingo y Puerto Rico, en donde lo ha experimentado»[206]. El pleito finaliza con la aprobación de su ruego.

Entonces continúa el *perpetuo silencio*. En adelante no aparecen otras noticias que interesen a esta historia. Pasan los años sin que las palabras remuevan el suceso. Solo en el siglo XX puede un investigador develarlo a medias.

---

205 *Ibidem*, fols. 21-21v.
206 *Ibidem*, fol. 24.

V. Balance sobre justos y pecadores

El análisis de tres episodios de transgresión no permite llegar a conclusiones estables sobre la sensibilidad que pudo desarrollar el siglo XVIII venezolano en torno al pecado y a sus protagonistas. Las muestras examinadas apenas forman una parcela del problema. Quizá no sean tampoco suficientes para sustentar una posición que las sugiera como evidencias de una mentalidad capaz de proyectarse hacia el futuro. ¿Pueden esas golondrinas hacer tanto verano? Las prevenciones son válidas, pero los casos muestran rasgos susceptibles de permitir un balance orientado a generalizaciones razonables.

No se ha mostrado aquí el itinerario de tres pasajeras golondrinas, sino la conducta de unos pájaros de cuenta. Los documentos refieren actitudes desarrolladas por personajes de raigambre en la provincia, por criaturas representativas de lo más encumbrado del entorno. Su actuación debe suponerse correspondiente con la rutina de la cual forman parte. Estas páginas no se ocupan del ladrón anónimo que desaparece sin dejar huella después de cometer el delito, sino de señores asentados desde antiguo en la comunidad, quienes, como parecen no tener trastornado el cerebro, deben actuar de acuerdo con licencias usualmente concedidas por sus contemporáneos. En consecuencia, es lícito pensar que no exhiban un comportamiento extravagante a la hora de burlar la ley de Dios en materia sexual.

La autoridad ocupada de juzgarlos muestra características semejantes. No son potestades recién establecidas. Por lo tanto, saben cómo se trata a los pecadores en Venezuela. El rigor y la benevolencia no son abstracciones en sus tribunales, sino formas concretas de aplicar la justicia según la tiranía de los localismos. Sus penas y sus perdones no dependen solo del precepto canónico, sino también de los consejos que remiten unas vivencias regionales cuya influencia a veces puede pesar más que el decálogo. No en balde tales vivencias han obligado de antemano a traducir la cartilla de la ecúmene al caso particular de la provincia, mediante la publicación de las *Constituciones Sinodales*.

En la misma prisión habitan las víctimas y las denuncias de las infracciones. Ninguno saca de una torre de marfil las nociones sobre el pecado. Las reciben del discurso común. Todos saben cómo la carga de la justicia se distribuye según designios inescrutables de la madre iglesia que a veces dejan mal sabor entre ios feligreses mientras atienden las homilías o reciben los sacramentos. Pero ellos vuelven otra vez al templo los domingos y fiestas de guardar, como piezas de un proceso en el cual experimentan de manera profunda una peculiar necesidad de debatirse entre la obligación de la castidad y la solicitud de la lujuria. Cuestiones como la culpa, la redención, la virtud y el poder eclesiástico están muy arraigadas entonces, como para evitarlas a voluntad. Son indispensables estaciones del camino alrededor de una noria hacia la meta de la salvación eterna.

Por otra parte, los juicios ocurren en lugares en los cuales no corren el riesgo de desaparecer en el trajín de una población numerosa. Para la época Caracas debe contar unos 40 000 habitantes. Entre San Mateo y La Victoria comparten la existencia cerca de 10 000 personas. Cúpira apenas supera el millar de vecinos, mientras en la próxima Barcelona viven solo unos 14 000[207]. Si junto a los confines de la cantidad de pobladores se considera la intermitente realización de funciones capaces de captar la atención

---

207 Para este punto ver: Jesús Antonio Aguilera (1980).

popular, puede suponerse con propiedad que los casos estudiados no son un asunto de pocas personas[208]. Seguramente devienen un acontecimiento colectivo. Tres personajes principales a punto de sufrir castigo por sus pecados como corolario de acusaciones realizadas por vecinos comunes no actúan un entuerto privado. La provincia debe vibrar en sus pormenores.

Los hechos protagonizados por Andrés de Tovar, por Juan Vicente Bolívar y Joaquín de Castilloveytía traspasan los linderos de lo estrictamente personal. Aparte de involucrar de manera directa a un conjunto de personas representativas del medio –caballeros de alcurnia, autoridades religiosas y civiles, acusadores, testigos, familiares y allegados– tienen eje en el pecado, tema primordial que conmueve y aleja del tedio a la poco poblada sociedad de entonces. De ellos se puede desprender, por consiguiente, los comentarios genéricos que siguen.

1. Autoridad e impunidad

Sobre la autoridad de la iglesia en la segunda mitad de nuestro siglo XVIII hay poco que discutir, pues ella es evidente. Sin embargo, conviene llamar la atención sobre su sostén fundamental, el cual no parece originarse solo en preceptos legales o en la presencia de un aparato de constreñimiento, sino también en la conducta voluntaria de los feligreses.

De acuerdo con los cánones la iglesia está capacitada para intervenir en asuntos tan importantes de la vida privada como el destino de las disposiciones testamentarias, las tasas de interés impuestas por los prestamistas, el perjurio y la falsificación de documentos. Además, dispone de un enjambre de funcionarios –el obispo, el vicario los miembros del tribunal, fiscales, alguaciles, promotores, comisionados, escribanos y carceleros– con recursos

---

208 Para este punto ver: José Antonio Calcaño (1958).

suficientes para imponer la ley de Dios en la tierra. Tanto el respaldo de la norma como la asistencia de un equipo de agentes cuya legitimidad nadie ha cuestionado desde principios de la conquista española, permiten explicar su ascendiente colectivo. Pero, sobre todo, cuenta con un destinatario infalible que responde a sus requerimientos, aun cuando a veces salga con las tablas en la cabeza: la «multitud promiscual» y muchos blancos pobres o acomodados que viven la vida provincial como un purgatorio debido a su exclusión de la cúpula.

Solo una necesidad de aliviar la conciencia permite comprender la actitud de los sujetos que a través de estas páginas han asumido el bíblico papel del hombre justo. Se trata de personas corrientes, de gente sencilla que arriesga el pellejo con el objeto de cumplir las obligaciones de la fe. El papel que entrega María Pasión Fernández al obispo es una prueba elocuente de ello, debido a la religiosidad de su contenido. No es empresa cómoda denunciar el desbarajuste de un sacerdote noble como Andrés de Tovar. El camino que tropieza con la voluptuosidad del Teniente Juan Vicente Bolívar está lleno de espinas. Meter las narices en el supuesto crimen de Joaquín Castilloveytía es traspasar el cercado ajeno buscando cosas inaccesibles. Sin embargo, acuden al regazo del templo para solicitar un escarmiento de los mantuanos y se involucran en los rumores que corren sobre un fraile sodomita. Pese a que, tanto por la índole de la falta como por las características de los transgresores, no se enfrentan a pecatta minuta, tienen la audacia de ofrecer madera para el banquillo.

¿No se pueden hacer de la vista gorda ante las *Sinodales* y ocultar información al Obispo? Sí, en principio. A fin de cuentas, ellos no son factores directos de pecado mortal. Las visitas pastorales no duran una vida. El Obispo se marcha pronto con el cortejo de religiosos. El tribunal maneja muchos casos y no le sobra tiempo para estar pendiente de sus vicisitudes. Al callar evitarían problemas inmediatos –un enfrentamiento con sus señores– y tendrían oportunidad de rectificar mediante una posterior confesión favorecida por el secreto sacramental. Pero los pecados les incumben en lo más profundo. Perjudican su recta rutina, no solo porque un transgresor con valimiento los insulte en lo personal con su altivez y con sus agresiones, sino también porque sienten que el silencio sobre las faltas ajenas los coloca en el abismo de los infiernos. El obispo les incumbe en idénticos términos. No lo observan como una atracción de feria ni como un temible policía, sino como el portero del cielo. En Venezuela no hay ujier más alto para franquear la entrada de la gloria. Desatender la tradición que él representa significa la perdición del alma inmortal, nada menos. En consecuencia, prefieren un trago amargo en la tierra que la compañía de Lucifer en el más allá.

Sin embargo, su rol de justos crea un rompecabezas. Hacen bien en presentar cargos contra los relapsos, pero pueden correr el riesgo de fomentar una conspiración contra el orden de Dios. Cuando se acusa a los descendientes del tronco conquistador, ¿no pasa apuros el establecimiento? Más todavía, ¿no cometen pecado los que atenían contra el establecimiento, aun de manera involuntaria? Las denuncias incumben a contadas personas, pero se pueden referir al grupo que representan. Según la cartilla tradicional, la materialización del plan divino depende de la ayuda que prestan a la iglesia y a la corona un conjunto de personajes especiales, los miembros del estamento primacial, quienes comparten el régimen civil gracias a sus excepcionales cualidades. Son parte de un condominio inobjetable. Si se les presenta, ya no como cristianos inconsistentes, sino como acólitos del diablo, un venerado edificio se tambalea y la iglesia tiene la obligación de apuntalar sus bases.

La forma de manejar el caso Castilloveytía confirma la presunción. En opinión de las autoridades encabezadas por el rey, el supuesto pecado del fraile se debe considerar en relación con la importancia de la orden franciscana. Independientemente de lo endeble de las evidencias, un supuesto crimen personal puede poner en la picota a uno de los ejércitos más estimados de la catolicidad. El sigilo a través del cual se pretende desarrollar el juicio contra Andrés de Tovar persigue la protección de los colegas sacerdotes. Se trata de un escándalo personal, pero por su conducto las habladurías pueden debilitar la autoridad de la clerecía. Pese a lo exorbitante de sus yerros, se garantiza a don Juan Vicente Bolívar un respetuoso y delicado tratamiento de su caso sin escandalizar frente a la comunidad. El hecho particular puede determinar una mengua en el poder de los de su clase. Hay una armonía que proteger. Hay una simetría de obligatoria custodia. Hay un itinerario cuya evolución no deben torcer los hombres. Existe una privanza religiosa y social que no puede sujetarse a turbulencias.

Ante el predicamento la iglesia no se niega a impartir justicia, pero insiste en el tratamiento reservado y especial de los casos con el objeto de evitar un impacto social. No publica los pecados de la gente principal. Solo en casos de extremos ordena la colocación de su nombre en tablillas. No tiene hospicio para «recogerlos» como a los demás. Los protege con «la religión del juramento». Va paso a paso en el análisis de sus faltas, sin precipitaciones. Y, por último, permite que utilicen los recursos anexos a su calidad: abogados expertos, vínculos con el poder establecido, manejo de recursos legales, influencia en el entorno... los cuales, en definitiva, los libran del castigo. En ningún momento se niega la iglesia a ejercer su papel de juez. Al contrario, lo hace con insistencia como ocurre en los casos Tovar y Bolívar, pero al final cede ante una realidad de la cual es responsable desde antiguo. Por lo menos desde 1687 en lo concerniente a Venezuela, pues entonces las *Constituciones...* que promulga Diego de Baños y Sotomayor y ratifica en 1761 Diego Antonio Diez Madroñero con el respaldo del trono, legitiman la privanza de los «padres de familia».

2. Honor y rudeza

«El hombre sin honra peor es que muerto», escribe Cervantes en *Persiles*. Pese al tiempo transcurrido, la frase mantiene vigencia cuando termina el siglo XVIII venezolano, de acuerdo con las fuentes examinadas. Valor primordial de la cultura hispánica[209], el honor persiste como preocupación de la iglesia y de los pecadores más acomodados de la provincia. La imperiosa necesidad de exhibir una reputación sin tacha apoyada en el reconocimiento colectivo marca los pasos del juez y de los transgresores.

Pero las partes no ven al honor como un elemento unívoco que se dirime y es susceptible de aprecio desde diversos costados. Para el rey y para la iglesia, por ejemplo, el prestigio institucional o corporativo juega un rol de primera importancia, más relevante acaso que la fama engendrada por la virtud. El silencio ordenado sobre el caso Castilloveytía así lo corrobora. Siguiendo los consejos del obispo, la Corona ordena una mordaza para proteger el crédito de los franciscanos conminado por los rumores del vulgo. A su vez, los franciscanos confirman su honor a través de un arrepentimiento acompañado por la resonancia de todas las campanas. Es un gesto gregario y vocinglero cuya función es velar por la aureola común. ¿Y el desfile que entonces protagoniza el fraile exonerado de culpa? Joaquín de Castilloveytía en procesión por las calles no solo apuntala un renombre individual, sino también el de los hermanos de Asís.

Las disposiciones del sínodo sobre las causas contra eclesiásticos marchan por el mismo camino. Exigen extremo sigilo con el objeto de evitar que las situaciones particulares señalen de infamia al orden sacerdotal. Los interrogatorios de Cúpira precedidos por solemne juramento frente a un crucifijo no ven únicamente por el bachiller Tovar, sino por todos los ensotanados de la diócesis. Sobre los pecados del beneficiado solo deponen los hombres decentes del

---

[209] Sobre este punto ver: Patricia Seed (1991) y Pilar Gonzalbo (1987).

pueblo, no vaya a ser que la indiscreción propia de las castas hable de más sobre los tonsurados. Ellos y los aristócratas son honorables, además de importantes.

El honor de la «multitud promiscual» es otro asunto. Vale poco frente al de los ejércitos de Cristo y ante el elenco de los blasones. No es cuestión de arcanidad, ni de examen furtivo. Para someter a uno de sus miembros a la vergüenza pública solo se precisa una pesquisa ordinaria. Una simple declaración de los vecinos hace que Josepha María Polanco vaya a dar con sus huesos al hospicio de Caracas, para que circulen sin cortapisas sus pecados y la vean como candidata al purgatorio terrenal en un proceso de reeducación cristiana. Solo se necesita el testimonio de dos alcahuetas para que «La Isleñita», una muchacha de doctrina, sea perseguida por las veredas de San Mateo y condenada igualmente al recogimiento. Debido a su espontánea deposición, la india María Juliana es conducida públicamente hasta la casa del amo, antes de pasar por un procedimiento de corrección. Ahora no reina la confidencialidad: las transgresiones se muestran. Solo con la adúltera de Cúpira y con el marido burlado de San Mateo se observa un miramiento, consistente en evitar que sus nombres aparezcan anotados en los expedientes. Pero el cuidado custodia el honor de los inocentes que se han perjudicado con su lujuria, asunto comprensible en el predicamento del consorte y evidente en la situación del marido legítimo de la «comadre».

El honor del estamento primacial también es otro asunto. Vale mucho ante la autoridad de la iglesia y en el conjunto de valores que anima a los acusados. El obispo le dedica curiosos mimos, hasta el punto de ofrecer a Juan Vicente Bolívar la alternativa de ocultar su identidad en los papeles públicos, aun cuando lo incriminan incontestables testimonios. El vicario lo cuida en el juicio contra Andrés de Tovar, hasta el punto de anunciar la posibilidad de pasarlo a tablillas solo después de numerosas tropelías, hasta el extremo de no agotar los recursos con el objeto de encerrarlo en prisión. Ahora no importa el honor entendido como sinónimo de virtud, ni como estandarte de una institución de la ortodoxia, sino el honor vinculado a una posición social y económica. Y así como parece apreciarlo la iglesia lo siente hasta los tuétanos don Juan Vicente, quien no sale de su cuidado hasta cuando se le asegura el hermetismo relativo a la divulgación de sus datos personales. Así su *status* recibe plena protección. Lo mismo parece sentir el Gobernador cuando acepta la petición de auxilio del padre Tovar, puesto que la envergadura de las máculas del acusado no podía respaldar adecuadamente la participación del brazo secular en un procedimiento eclesiástico manejado en la más alta escala. Solo la atención del honor de un caballero opulento permite explicar la injerencia de la autoridad civil en un pleito tan aparatoso.

Pero el tratamiento especial del honor de los aristócratas en relación con el honor de la «multitud promiscual» no debe confundirse con una injusticia exorbitante, ni con lasitud premeditada de la iglesia. La ortodoxia del antiguo régimen afincada en una tradición que remonta al Sacro Imperio determina que los representantes de la nobleza de la sangre, en nuestro caso los «padres de familia», son esencialmente virtuosos, aptos, decoros, púdicos, recatados y razonables. Casi inmaculados. No en balde reside en ellos la fortaleza del absolutismo monárquico. Los errores y aun los delitos que acaso puedan cometer, son accidentes extraños e improbables que en nada modifican su calidad de criaturas predilectas del establecimiento proyectado por Dios. Así se ha repetido invariablemente a los vasallos desde el palacio y desde el púlpito a través de las generaciones. Un arraigado sistema de valores, por consiguiente, coloca harta dificultad a la alternativa de descorrer el velo de su deshonor. Es casi sobrehumano demostrar que son innobles las personas que siempre han ejemplificado la excelencia.

Con los otros pasa lo contrario: el libreto tradicionalista ha distribuido las fallas entre los dependientes. En consecuencia, resulta fácil divulgar sus infracciones. Cuando la iglesia avergüenza a la canalla y custodia la reputación de los aristócratas no abandona la equidad: agrega un nuevo capítulo a la cartilla escrita por los padres antecesores. Y cuando los aristócratas utilizan a la canalla para satisfacer su concupiscencia también repiten una antigua versión que no estima a los dependientes como sujetos dignos de consideración. Son tontos e ignorantes, ingenuos, rústicos y débiles, como los califica el Teniente de San Mateo. Contra ellos se puede ejercer la tiranía en Cúpira, piensa el beneficiado, debido a que son «perros» que atentan contra la felicidad de su querida. Son mal intencionados, llega a afirmar el gobernador, hasta el punto de murmurar contra la integridad moral de un honrado franciscano. Si así ocurre con la gente de su calaña en toda la ecúmene, ¿no debe pasar lo mismo en tierras venezolanas?

La misma cartilla, por cierto, atribuye al estamento primacial el monopolio de los refinamientos. Como característica anexa a la altura de su cuna, los aristócratas deben mostrarse primorosos y gentiles en la relación social con sus pares, pero también con sus vasallos. La exigencia aumenta si tratan con el sexo femenino, al cual se deben referir mediante formas corteses que llegan al puntillismo aconsejado por Castiglione. Una filigrana de reverencias y etiquetas cumple el cometido de hacerlos ver como personajes especiales y de maquillar el apetito de la carne vedado por los mandamientos. Sin embargo, en los casos analizados resalta el desacato de la norma. Solo cuando el Vicario y el Gobernador dirimen el caso Tovar, predominan las «venias de estilo». En la mayoría de las situaciones prevalece la ordinariez del vínculo. Así, por ejemplo, una tosquedad sin tasa distingue el amancebamiento de Tovar, quien exhibe su delito con patanería redonda. El Teniente de San Mateo persigue el sexo labrando una ruta de insolencia y rudeza. No es infrecuente que los franciscanos de Caracas se observen como paradigma de mala crianza. Llamativa paradoja: la tradición señala a los villanos como portavoces de la inurbanidad, pero ahora sucede lo contrario. Por lo menos en las peripecias que se han estudiado, los indelicados, los vulgares, los inciviles, los adocenados son los miembros de la aristocracia. A su lado, la «multitud promiscual» es prenda de discreción y modales.

3. Pecado y más pecado

¿Pesa tanto el pecado en nuestros antecesores del siglo XVIII, como se ha sugerido aquí? Desde luego. En los expedientes estudiados se reitera una espesa sensación que traduce el agobio producido entonces por la pérdida de la gracia divina. Las fuentes insisten en concebir al mundo como un tránsito de rigores destinado a redimir los extravíos, según proclama la ortodoxia desde el medioevo[210]. La vida debe ser, de acuerdo con las fuentes, lo contrario al placer –al placer sexual, en especial– y a la comodidad, al lujo y al regocijo que ofrecen las cosas del mundo. La tierra no es lugar de esparcimiento, sino de sacrificios y asperezas que abren las puertas del cielo en cuanto lavan el estigma del pecado.

En diversos costados del proceso sobre el amancebamiento de Andrés de Tovar se machaca el asunto. Los deponentes se escandalizan porque lleva una existencia «divertida». El hecho de que permanezca en una casa junto con la comadre de Cúpira constituye un «entretenimiento» contrario a la salvación. Los testigos asocian la diversión con el sexo prohibido, sinonimia que refuerza la oposición entre el deleite y la redención del alma.

Pero, así como no puede divertirse con una amiga, tampoco puede un cura salir a las plazas, ni parar en tabernas y garitos, ni vestir con ostentación, agrega el sínodo caraqueño, debido a que es un ejemplo para la feligresía. Ella debe igualmente alejarse de los jolgorios. Si alguna alegría ha de tener, es la que produce la virtud. Cuando se investiga a Juan Vicente Bolívar y se disimulan las faltas de los franciscanos está presente la misma sensación.

---

[210] Sobre este punto ver: José Gaos (1973).

Las palabras repetidas en los documentos igualmente traducen las prevenciones de la sociedad frente a la comisión de pecados. Son vocablos que registran un sentimiento común, debido a que se reiteran hasta la saciedad en el interrogatorio de los jueces y en la deposición de los testigos. Así, por ejemplo, «desordenada comunicación», «mala amistad» y «descamino», usualmente suscritas en los papeles referidos a Tovar y a Bolívar, así como en la Cédula del perpetuo silencio. Las palabras dan por sentada la existencia de una actitud negativa y destructiva en todas las personas que procuran el deleite sexual a través de procedimientos ilegales, esto es, sin atender las obligaciones de la castidad en el caso de los religiosos y haciendo tráfico carnal extra matrimonial en el caso de los demás cristianos. No cabe para ellos la posibilidad de una explicación, mucho menos la alternativa de una justificación capaz de complacer a las autoridades y a la sociedad. En el caso de la homosexualidad se está ante un delito tan digno de rechazo que ni siquiera se usan palabras para identificarlo de manera expresa. Es simplemente «pecado nefando» o «falta nefanda» sobre la cual jamás existe el mínimo viso de comprensión. En lugar de andar mentándola conviene desterrarla de la vida provincial, como sucede por mandato regio con el franciscano de nuestra historia.

Sin embargo, hay un hecho excepcional en relación a este punto: la «demostración matemática» de Juan Vicente Bolívar y una respuesta de Diez Madroñero en las cuales se habla de sexo de manera natural, sin excusarse demasiado por su realización. El Teniente reconoce ante el prelado la ejecución de dieciocho actos sexuales, la participación en dieciocho citas de placer, sin que el interlocutor manifieste incomodidad ante la confidencia. En lugar de molestarse por la escabrosa información, se aprovecha para hablar de la necesidad de que el amo permita el coito regular del esclavo Francisco con su legítima esposa. Curioso diálogo éste en el cual un mitrado ultramontano, en lugar de espantarse ante la matemática libidinosa del acusado, la aprovecha para abogar por el sexo lícito de un negro sin importancia.

En todo caso pareciera que, en términos generales, el sexo todo debe permanecer en el ostracismo. Si ha de permitirse, tiene que estar sujeto a una urdimbre de pautas capaces de evitar el contagio con sus ingredientes de trastorno y enloquecimiento. Porque su emisario anda suelto por los caminos del mundo, un formidable agente que destroza reinos como el de Castilla, colabora con los sarracenos y provoca maldades como el cisma luterano, una especie de serpiente que desbroza el sendero del infierno: las mujeres. Así como una de ellas le extravió el juicio a Andrés de Tovar hasta conducirlo a profanar el templo, otras hicieron de Juan Vicente Bolívar un chabacano buscador de placer, tan salido de quicio como lo pusieron. Solo así se puede entender que caballeros de limpio nacimiento protagonizaran el escándalo. De allí la necesidad de «recogerlas» en el hospicio o en una casa parroquial, o de publicar sus atentados en una especie de campaña profiláctica. En atención a lo que se enseña al venezolano del siglo XVIII y a lo que él repite siguiendo la lección de sus guías espirituales, son el escollo para la perfección de la castidad y para todo lo que signifique una existencia apacible. La seguridad del hombre justo depende de la prudente distancia de las mujeres.

Así perciben el mundo el obispo Diez Madroñero, el vicario Muñoz Aguado, el fiscal Rodríguez, dos comisionados de la curia, los franciscanos de Caracas, la Real Majestad, el Comisario General de Indias, el padre Arbiol, fray Antonio de Molina, la Biblia, las *Sinodales*, las *Partidas* de Alfonso El Sabio, las leyes de Indias y una considerable porción de hombres sencillos que testifican en los procesos cuando va a cerrar su ciclo el siglo XVIII. Los acusados los acompañan en el sentimiento, debido a que se defienden sin discutir el grado de maldad que se achaca a las transgresiones. Una suerte de sensibilidad masiva que se expresa ahora en una muéstra digna de consideración, continúa aferrada a una noción de conducta ajustada a patrones tradicionales. Según afirman con fundamento diversos investigadores, Venezuela abre entonces las puertas a la modernidad, pero, por lo visto, la visita no cala en todos los destinatarios. La moral de la iglesia y del imperio antiguos siguen campantes en lo cotidiano. No las disipa el paso de los años. ¡Quién sabe cuánto han permanecido!

Fuentes

I. Documentos manuscritos

A. Archivo Arquidiocesano de Caracas (AAC):

Sección Judiciales, Legajo 82. *Autos criminales que se siguen contra el Br. Dn. Andrés de Tovar, Cura del Valle de Cúpira, sobre varios escándalos que cometió en dicho valle.*

Sección Familia Bolívar, Legajo 2. *Autos y Sumario contra Dn. Juan Vicente Bolívar sobre su mala amistad con varias mugeres* (1765).

Sección Eclesiásticos, Legajo 18. *Información de orígenes, vita et movimientos de Don Joaquín de Castilloveytía* (s/f).

Fondo Franciscano de Caracas, Legajo 20. *Obedecimiento de Ja Real Cédula sobre Perpetuo Silencio* (1799).

Fondo Franciscano de Caracas, Legajo 13. *Participación de Visita y Providencias relativas al mejor bien y servicio de la Provincia* (1800).

Fondo Franciscano de Caracas, Legajo 14. *Informe del Padre Visitador fray Josef Francisco Rodríguez* (1800).

Fondo Franciscano de Caracas, Legajo 14. *Correspondencia del Obispo al Comisario Visitador* (1801).

Fondo Franciscano de Caracas, Legajo 21. *Querella de Fray Joaquín de Castilloveytía contra Fray Juan Antonio Navarrete* (s/f).

B. Archivo de la Academia Nacional de la Historia (AANH):

Material sin clasificar. *Real Cédula con motivo de la suspensión del Breve de Padre de Provincia expedido a favor de Fray Joaquín de Castilloveytia*, San Idefonso, 22 de Agosto de 1798.

II. Fuentes impresas

ACTAS DEL CABILDO ECLESIÁSTICO DE CARACAS (1963). Estudio Preliminar por Manuel Pérez Vila, Caracas, Academia Nacional de la Historia, Fuentes para la Historia Colonial de Venezuela, 2 vols.

AGUILERA, Jesús Antonio (1980), *La población de Venezuela. Dinámica histórica, Socioeconómica y geográfica*, Caracas, UCV.

ALBERRO, Solange (1988), *Inquisición y sociedad en México. 1571-1700*, México, Fondo de Cultura Económica.

ALFONSO X (1555), *Siete partidas del Santo Rey Don Alfonso el Nono, nuevamente glosadas por el Lic. Gregorio López del Consejo Real de Indias de Su Magestad*, Salamanca, Andrea de Portinaris.

ÁLVAREZ, Mercedes (1964), *Comercio y comerciantes y sus proyecciones en la Independencia venezolana*, Caracas, Tipografía Vargas.

ARBIOL, Fray Antonio (1897), *Estragos de la lujuria y sus remedios conforme a las Divinas escrituras y Santos padres de la Iglesia*, México, Librería Religiosa Herrero Hermanos.

ARCAYA, Pedro Manuel (1965), *El cabildo de Caracas*, Caracas, Ediciones del Cuatricentenario de Caracas.

AROLA FARÍAS, Eduardo (1966), *El régimen de la encomienda en Venezuela*, Caracas, UCV Facultad de Economía.

_____ (1955), *El siglo ilustrado en América: reforma económicas del siglo XVIII*, Caracas, Ministerio de Educación.

ARIES, Philippe y DUBY, George (Coordinadores) (1989), *Historia de la vida privada. De la Europa feudal al Renacimiento*, Madrid, Taurus, Vbl. 2.

ARMELLADA, Fray Cesáreo (1970), *El Concilio Provincial de Santo Domingo*, Caracas, Universidad Católica Andrés Bello.

BASTERRA, Ramón (1954), *Los navios de la Ilustración*, Caracas, Ediciones de la Presidencia de la República.

BENASSAR, Bartolomé (1979), *L'inquisition espagnole*, Paris, Hachette.

_____ (1989), *Historia de los españoles*, Barcelona, Editorial Crítica, 2 vols.

BRICEÑO PEROZO, Mario (1970), *Historia Bolivariana*, Caracas, Ministerio de Educación.

BRITO FIGUEROA, Federico (1961), *La estructura social y demográfica de Venezuela Colonial*, Caracas, Tipografía Venevas.

CALCAÑO, José Antonio (1958), *La ciudad y su música*, Caracas, Tipografía Vargas.

CARO BAROJA, Julio (1967), *Vidas mágicas e inquisición*, Madrid, Editorial Taurus.

_____ (1968), *El señor Inquisidor y otras vidas por oficio*, Madrid, Alianza Editorial.

CARTAYA DI LENA, Humberto (1991), *El Sínodo de Caracas. Un modelo de Evangelización*, Caracas, Universidad Católica Andrés Bello, Edición Mimeográfica.

CASTAÑEDA, Carmen (1989), *Violación, estupro y sexualidad. Nueva Galicia 1790-1821*, Guadalajara, Editorial Hexágono.

CASTIGLIONE, Baldassare (1942), El cortesano, Traducción de Juan Boscán, Estudio Preliminar por Marcelino Menéndez y Pelayo, Madrid, Consejo Superior de Investigaciones Científicas. S. Aguirre Impresor.

CASTILLO LARA, Lucas Guillermo (1980), *Los mercedarios y la vida política y social de Caracas en los siglos XVII y XVIII*,

Caracas, Academia Nacional de la Historia, Fuentes para la Historia Colonial de Venezuela, N° 143-144, 2 vols.

CASTRO, Francisco de (1853), *Reformación Cristiana, así del pecador como del Virtuoso*, Madrid, Librería de D. Ángel Calleja.

CASTRO LEIVA, Luis (1985), *Una omnímoda calva*, Caracas, IDEA, Edición mimeográfica.

DAUXION LAVAYSEE, J.J. (1967), *Viaje a las Islas de Trinidad, Tobago, la Margarita y diversas partes de Venezuela en la América meridional*, Caracas, UCV.

DELUMEAU, Jean (1989), *El miedo en Occidente*, Madrid, Taurus.

DEPONDS, Francisco (1967), *Viaje a la parte oriental de Tierra Firme en la América Meridional*, Caracas, Fundación de Promoción Cultural.

DENZINGER, Enrique (1955), *El magisterio de la iglesia. Manual de símbolos, definiciones y declaraciones de la iglesia en materia de Fe y costumbres*, Barcelona, Editorial Herder.

DICCIONARIO DE DERECHO CANONICO (1854), París, Librería de Rosa y Bouret.

DOMÍNGUEZ ORTIZ, Antonio (1973), *El antiguo régimen: los reyes católicos y los Austrias*, Madrid, Alfaguara-Alianza Editorial.

DOWDESWELL, Jane (1987), *La violación: hablan las mujeres*, México, Editorial Grijalbo.

DORTA, Marco Enrique (1967), *Materiales para la historia de la cultura en Venezuela*, Caracas, Fundación J. Boulton.

EL CATECISMO DEL PADRE RIPALDA, o sea la Explicación de la Doctrina Cristiana del Padre de García Mazo aplicada a las preguntas y respuestas del P. Ripalda (1877), París, Librería de C. Bouret.

EL SACROSANTO Y ECUMÉNICO CONCIMO DE TRENTO, traducido al idioma Castellano por D. Ignacio López de Ayala (1785), Madrid, Imprenta Real.

ENCHIRIDION SYMBOLORUM, Definitionum et Declaratio-num de Rebus Fidei Merani, Madrid, Editorial Guadarrama.

FOUCAULT, Michel (1976), *Histoire de la sexualité: I: La volonté de savoir*, Paris, Gallimard.

GAOS, José (1973), *Historia de nuestra idea del mundo*, México, Fondo de Cultura Económica.

_____ (1947), *Prólogo a los Tratados de Juan Benito Díaz de Gamarra*, México, Imprenta Universitaria, UNAM.

_____ (1945), *Pensamiento de lengua española*, México, Editorial Stylo.

GARCÍA BACCA, Juan David (1954), *Antología del pensamiento filosófico venezolano*, Caracas, Ministerio de Educación, 2 vols.

GARCÍA CHUECOS, Héctor (s/f), *Siglo Dieciocho Venezolano*, Caracas, Editorial EDIME.

GÓMEZ CAÑEDO, Lino (1974), *La Provincia Franciscana de la Santa Cruz de Caracas*, Caracas, Academia Nacional de la Historia, Fuentes para la Historia Colonial de Venezuela, N° 121-123,3 vols.

GONZÁLEZ CASANOVA, Pablo (1948), *El misoneísmo y la modernidad cristiana en el Siglo XVIII*, México, El Colegio de México.

GONZÁLEZ OROPEZA, Hermann (1977), *Iglesia y Estado en Venezuela*, Caracas, Universidad Católica Andrés Bello, Colección Manoa.

GONZALBO AIZPURU, Pilar (1987), *Las mujeres en la Nueva España. Educación y vida cotidiana*, México, El Colegio de México.

GROETHUYSEN, Bernard (1943), *La formación de la conciencia burguesa en Francia durante el siglo XVIII*, México, Fondo de Cultura Económica.

GUTIÉRREZ DE ARCE, Manuel (1975), *Apéndices a El Sínodo Diocesano de Santiago de León de Caracas*, Caracas, Academia

Nacional de la Historia, Fuentes para la Historia Colonial de Venezuela, N° 124-125, 2 vols.

HUIZINGA, Johan (1984), *El otoño de la Edad Media*, Madrid, Alianza Editorial.

HUMBOLDT, Alejandro (1942), *Viaje a las regiones equinocciales del Nuevo Continente*, Caracas, Ministerio de Educación, 5 vols.

KAMEN, Henry (1971), *El siglo de Hierro*, Madrid, Alianza Editorial.

LALINDE ABADÍA, Jesús (1974), *Derecho histórico español*, Barcelona, Editorial Ariel.

LANGUE, Frédérique (1990), *Diversiones y devoción popular en Venezuela colonial Fiesta en San Mateo (1804)*, Caracas, Universidad Católica Andrés Bello, Edición Mimeográfica.

LAVRIN, Asunción (coordinadora) (1991), *Sexualidad y matrimonio en la América Hispánica*, México, Consejo Nacional para la Cultura y las Artes.

LEAL, Ildefonso (1963), *Historia de la Universidad de Caracas*, Caracas, Ediciones de la Biblioteca de la UCV.

_____ (1966), *El colegio de los jesuítas de Mérida*, Caracas, UCV.

LEAL CURIEL, Carole (1990), *El discurso de la fidelidad. Construcción social del Espacio como símbolo del poder regio (Venezuela, siglo XVIII)*, Caracas, Academia Nacional de la Historia, Fuentes para la Historia Colonial de Venezuela No. 208.

LEITES, Edmundo (1990), *La invención de la mujer casta*, Madrid, Siglo XXI Editores.

LIEVANO AGUIRRE, Indalecio (1974), *Bolívar*, Caracas, Ministerio de Educación.

LOPETEGUIL y ZUBILLAGA, Félix (1966), *Historia de la Iglesia en la América española. Desde el descubrimiento hasta comienzos del siglo XIX*, Madrid Biblioteca de Autores Cristianos.

LLORCA, Bernardino (1942), *Manual de Historia eclesiástica*, Barcelona, Editorial Labor.

MARTÍ, Möns. Mariano (1980), *Documentos relativos a su visita, pastoral de la Diócesis de Caracas*, Caracas, Academia Nacional de la Historia, Fuentes para la Historia Colonial de Venezuela, N° 95-101,7 vols.

MARTÍN GAITE, Carmen (1972), *Usos amorosos del dieciocho en España*, Madrid, Siglo XXI Editores.

MÉNDEZ BEJARANO, Mario (s/f), *Historia de la filosofía en España*, Madrid, Imprenta Renacimiento.

MÉNDEZ Y PELAYO, Marcelino (1945), *Historia de los heterodoxos españoles*, Buenos Aires, Editorial Perlado, 4 vols.

MIJARES, Augusto (1964), *El Libertador*, Caracas, Fundación Eugenio Mendoza y Fundación Schell.

MOLINA, Fray Antonio de (1831), *Instrucción de sacerdotes, en que se les da doctrina muy importante para conocer la alteza del sagrado oficio sacerdotal y para egercitarse debidamente, sacada toda de los Santos Padres y doctores de la Iglesia. Por el Padre don Antonio de Molina, indigno monje de la Cartuja de Miraflores en Burgos*, Madrid, Imprenta de José Collado.

NAVARRETE, Juan Antonio (1962), *Arca de Letras y Teatro Universal, Estudio Preliminar por José Antonio Calcano*, Caracas, Academia Nacional de la Historia, Fuentes para la Historia Colonial de Venezuela, N° 60.

NAVARRO, Möns. Nicolás Eugenio (1919), *Constituciones y Regla de Coro del Capítulo Metropolitano*, Caracas, sie.

_____ (1931), *Disquisición sobre el Patronato Eclesiástico*, Caracas, Parra León Hermanos.

NOVÍSIMA RECOPILACIÓN DE LAS LEYES DE ESPAÑA, DIVIDIDA EN XIILIBROS (1805), Madrid, Imprenta Real.

OLAVARRIAGA, Pedro José (1965), *Instrucción general y particular del estado presente de la Provincia de Venezuela en los años*

1720 y 1721, Caracas, Academia Nacional de la Historia, Fuentes para la Historia Colonial de Venezuela.

ORTEGA, Sergio (editor) (1985), *De la Santidad a la perversión, o de porqué no se cumplía la ley de Dios en la sociedad novohispana*, México, Grijalbo.

_____ (1987), «El discurso teológico de Santo Tomás de Aquino sobre el matrimonio, la familia y los comportamientos sexuales». En: *El placer de pecar y el afán de normar*. México, Joaquín Mortiz.

OTS CAPDEQUI, José María (1965), *El estado español en las Indias*, México, Fondo de Cultura Económica.

PARRA LEÓN, Caracciolo (1933), *Filosofía Universitaria Venezolana (1788-1821)*, Caracas, s/e.

PÉREZ MARCHAND, Lina (1945), *Dos etapas ideológicas del siglo XVIII en México a través de los papeles de la Inquisición*, México, El Colegio de México.

PÉREZ VILA, Manuel (1970), *Los libros en la colonia y en la independencia*, Caracas, Imprenta Nacional.

_____ (1963), Estudio Preliminar a las *Actas del Cabildo Eclesiástico de Caracas*, Caracas, Academia Nacional de la Historia, Fuentes para la Historia Colonial de Venezuela.

PICÓN SALAS, Mariano (1944), De *la conquista a la independencia*, México, Fondo de Cultura Económica.

PINO ITURRIETA, Elías (1971), *La mentalidad venezolana de la emancipación*, Caracas, Instituto de Estudios Hispanoamericanos de la UCV.

_____ (1984), «Sentido y fundamentos de la mentalidad tradicional», Estudio Preliminar al volumen VI de la *Gaceta de Caracas*, Caracas, Academia Nacional de la Historia, Edición Facsímil.

PONTE, Andrés (1960), *La revolución de Caracas y sus proceres*, Caracas, Editorial Miangolarra.

_____ (1945), *La Puebla de Bolívar*, Caracas, Editorial Crisol.

PRUMER, Domineus (1914), *Manuale Teologiae Moralis*, Friburgo, Tipographias, Edit. Pontificus, vol. I.

RESINES, Luis (1987), *Catecismos de Astete y Ripalda*, Madrid, Biblioteca de Autores Cristianos.

REYES G., Juan Carlos (1991), *Delitos contra la moral y las buenas costumbres: la Sodomía en Venezuela Colonial*, Caracas, Ponencia presentada en las II Jornadas De Investigación Histórica, Facultad de Humanidades, UCV.

RIPODAS, Daisy (1977), *El matrimonio en Indias: realidad social y regulación jurídica*, Buenos Aires, s/e.

SÁNCHEZ ESPEJO, Mons. Carlos (1955), *El patronato en Venezuela*, Caracas, EDIME.

SANGRONIZ Y CASTRO, José Antonio (1943), *Familias coloniales de Venezuela*, Caracas, s/e.

SEED, Patricia (1991), *Amar, honrar y obedecer en el México colonial*, México, Consejo Nacional para la Cultura y las Artes.

SUCRE, Luis Alberto (1938), *Gobernadores y Capitanes Generales de Venezuela*, Caracas, Tipografía Comercio.

_____ (1930), *Historial genealógico del Libertador*, Caracas, s/e.

TACKETT, Timothy (1977), *Priest and parish in Eighteenth-Century*, France, Princeton, Princeton University Press.

TENTLER, Thomas (1977), *Sin and confession on the eve of the Reformation*, Princeton, Princeton University Press.

TORDJMAN, Gilbert (1981), *La violencia, el sexo y el amor*, Barcelona, Edit. Gedisa.

TROCONIS DE VERACOECHEA, Ermila (1983), *Historia de las cárceles en Venezuela*, Caracas, Academia Nacional de la Historia, Estudios, Monografías y Ensayos, N° 28.

_____ (1971), *Las Obras Pías en la Iglesia Colonial venezolana*, Caracas, Academia Nacional de la Historia, Fuentes para la Historia Colonial de Venezuela, N° 105.

TURBERVILLE, A.S. (1965), *La Inquisición Española*, México, Breviarios del Fondo de Cultura Económica.

TURNER, Víctor (1980), *La selva de los símbolos*, Madrid, Siglo XXI Editores.

VANNINI, Marisa (1965), *La influencia francesa en Venezuela*, Maracaibo, Universidad del Zulia.

VENEGAS FILARDO, Pascual (1947), *Notas de economía colonial venezolana*, Caracas, Editorial Elite.

VILA, Pablo (1980), *El obispo Martí: interpretación humana y geográfica de la larga marcha pastoral del obispo Mariano Martí en la diócesis de Caracas*, Caracas, UCV.

VILLANUEVA, Joaquín Lorenzo (1793), *Catecismo de Estado según los principios de la Religión*, Madrid, Imprenta Real.

VIQUEIRA ALBAN, Juan Pedro (1987), *¿Relajados o reprimidos? Diversiones públicas y vida social en la ciudad de México durante el Siglo de las Luces*, México, Fondo de Cultura Económica.

VIVES, Juan Luis (1944), *Instrucción de la mujer cristiana*, Buenos Aires, Espasa-Calpe.

WALDRON, Kathy (1991), «Los pecadores y el obispo en la Venezuela Colonial: la visita del obispo Mariano Martí, 1771-1784». En: Asunción Lavrin (coordinadora), *Sexualidad y matrimonio en la América hispánica*, México, Consejo Nacional para La Cultura y las Artes.